Manual De Seguridad Bancaria y Financiera

Rafael Darío Sosa González

Colección Seguridad Privada

Securityworks

Protección Integral

CONTENIDO

INTRODUCCIÓN

Las persona deseamos más seguridad, en la medida en que queremos más libertad y somos más responsables de la libertad que le debemos dejar por herencia a nuestros hijos y nos damos entonces cuenta que sólo hay libertad donde hay seguridad y cuantas personas en el ejercicio de su libertad van a una entidad financiera para sacar el dinero que les pertenece, para darse un paseo y disfrutar y se enfrentan a un atraco a la entidad y pagan con sus vidas algo de lo que no son responsables ; o un mal manejo de la entidad bancaria, los priva de la libertad de disfrutar sus ahorros, de allí que los delitos contra el sector financiero sean considerados como de : "IMPACTO SOCIAL".

La tendencia natural del hombre a disponer de su vida, de sus bienes y controlar su propio destino, es la forma más primitiva de entender los conceptos de libertad y seguridad.

Como es comprensible estos establecimientos constan de más medidas de seguridad y sistemas de seguridad que otros, ya que existe algo deseado por todo ser humano (dinero, joyas, títulos-valores, etc.). Por ello, estas entidades son objetivo principal de la delincuencia, ya sea Común u Organizada.

Como en todo Servicio de Seguridad, lo primordial, es: La observación, la información, la prevención-disuasión, y la reacción.

Siendo el VS el elemento básico y fundamental para la protección de estos establecimientos, a través de la PREVECIÓN-DISUACIÓN. El hecho delictivo más transcendental en el que se puede ver implicado el VS, es el ATRACO, por ello, pasaremos a escalonar la posible ejecución de este delito, ya sea por Delincuencia Común o Bandas Organizadas. PROCEDIMIENTO VIGILANCIA.

Los atracos a la banca se desarrollan en un verdadero clima de violencia, por lo cual las medidas de seguridad que se tomen contra este delito, deben ser contundentes, por lo que los hombres de seguridad comprometidos en la vigilancia de estas entidades, deben ser personas altamente capacitadas y entrenadas.

El estafador especializado en el sector financiero, bien contra la entidad o bien contra los clientes, es una persona inteligente, acostumbrada a engañar, con poder de convicción, a su lado se encuentran los empleados deshonestos de los bancos, que se confabulan con los atracadores y estafadores.

En los últimos años se ha observado el crecimiento de la necesidad de seguridad en todas las personas en su vida diaria, en sus lugares de trabajo, por parte de empresas de todo tipo, industrias, Bancos, Financieras etc., esto debido a la gran cantidad de robos, accidentes, incendios, incidentes fortuititos, negligencias cometidas por personas al momento de realizar una actividad, entre otros.

Como antecedentes de este proyecto se ha investigado como manejan el efectivo los diferentes Bancos del sistema financieros, y se tiene que desde sus inicios y hasta la actualidad aún se mantiene el manejo tradicional, el cual consiste en la dualidad física (dos personas) para la apertura de la caja fuerte.

Esta en este manual encontrara la promoción el uso de tecnología para diseñar y desarrollar interfaces que se encargaran de automatizar el proceso de apertura física y electrónica de las agencias, teniendo en cuenta además los lineamientos de seguridad con los que debe cumplir el proceso.

Tomando como base todos los conocimientos de Electrónica y Control con las nuevas tecnologías en sistemas de seguridad electrónica, se desarrolla un sistema innovador que funcione casi de forma independiente, que garantice al máximo la seguridad y sea muy versátil en su manejo.

En la actualidad, las empresas que son más amenazadas de intentos de **hackeo** son las del sector financiero, por lo anterior se debe a que estas entidades realizan actividades relacionadas con movimientos de dinero y por ende tienen el poder sobre la información de sus clientes (información personal y claves para realizar estas transacciones). Tal circunstancia, acaba tentando a los delincuentes cibernéticos que intentan vulnerar los sistemas para sacar provecho económico.

Por la razón en mención, las organizaciones financieras en procura de cumplir con su función de proteger los recursos captados del público; se ha visto obligada a dar a conocer dicho riesgo e implementar el uso de herramientas de información, como ejemplo de esto son los servicios de: pagos en línea, compras y transferencias cuyo objetivo es ofrecer al cliente plataformas en línea seguras para evitar el traslado al banco.

El estado actual de las **amenazas cibernéticas** y de los ataques que buscan robar datos y que afectan a las instituciones de servicios financieros se ha incrementado de una manera abrupta.

Todo lo anterior nos indica la necesidad apremiante en capacitarse en los aspectos de seguridad bancaria y especialmente en lo que se refiere al control de accesos y procedimientos de vigilancia, manejo de cajas fuertes y hacking financiero.

PROLOGO

En tema de la seguridad física, se incluye el tema que resultan útiles para la administración de riesgos.

Se tratará el tema vigente de la seguridad electrónica, donde trataremos el funcionamiento de las alarmas y equipos especiales para la prevención de ilícitos en contra de las instituciones bancarias.

En cuanto a la seguridad operacional, donde se detallan las operaciones bancarias más comunes en la banca latinoamericana, tales como la apertura de cuentas monetarias, recepción de depósitos, entrega de chequeras, visas y pago de cheques, compra y venta de documentos valorados, confección de documentos valorados y otorgamiento de préstamos. Por otro lado, exponemos procedimientos de seguridad, como el manejo de correspondencia, llaves, claves, sellos, y equipos de computación.

Se hará mención un estudio detenido de la seguridad en los documentos valorados, y se trata con detalle el soporte, las tintas, los métodos de impresión de los mismos y los dispositivos de seguridad de cada uno de estos elementos. Se hace en este apartado una exposición amplia sobre los billetes de banco, y los diversos tipos de falsificaciones de las mismas y una breve referencia a las tarjetas de crédito, los bonos y las acciones.

También, abarcaremos lo relativo a la investigación de delitos donde se da una descripción del método científico de investigación y las principales técnicas criminalísticas; se destaca la importancia del laboratorio criminalístico en una institución bancaria; se mencionan algunas técnicas de investigación de moneda falsa, y se incluye el tema del lavado de dinero desde la perspectiva bancaria; el modus operandi de los asaltos bancarios.

La seguridad bancaria, deberá tener su oficina automatizada y sus estudios e investigaciones deberán dirigirse más a la transferencia electrónica de fondos y a los delitos conocidos como técnicos, en donde no será necesario hacer irrupciones a edificios o sofisticadas falsificaciones para afectar a nuestras instituciones, ya que alterando dos o tres dígitos, como ahora empieza a suceder, los bancos sufrirán pérdidas cuantiosas; por lo que hemos conceptualizados al presente manual es una herramienta de transición donde se expone la temática tradicional con profundidad, pero se toma conciencia que el especialista en seguridad tendrá que estar preparado para el cambio y deberá ser agente del mismo a través del estudio y profundización de temas de informática y de las mega tendencias de la banca del futuro, por lo que el modelo de un cuerpo de seguridad deberá cambiar radicalmente y nuestras mentes, personal e instituciones deberán estar preparadas para enfrentar el futuro que hoy empieza.

Doiler Ortiz Prada, Especialista en Seguridad Privada y Protección de

Patrimonio

1

INTRODUCCIÓN SEGURIDAD BANCARIA

La Seguridad bancaria se puede definir a un-Sistema de Seguridad, como el conjunto de elementos e instalaciones necesarios para proporcionar a las personas y bienes materiales existentes en un local determinado, protección frente a riesgos y/o amenazas, tales como robo, atraco o sabotaje, incendio, etc.

Así, en un siniestro, en principio lo detectará, luego lo señalizará, para posteriormente iniciar las acciones encaminadas a disminuir o extinguir los efectos (mecanismos de extinción, central receptora de alarmas, cámaras de video, etc.)

Los sistemas de seguridad pueden ser variables según las necesidades del establecimiento bancario a proteger o los dispensadores de dinero(Cajero Automatico) . De allí que el presupuesto en seguridad no es un gasto, sino una inversión. En el mercado existe una multiplicidad de componentes (centrales, detectores, etc.) con características técnicas y calidades distintas, que hacen que no se pueda tipificar a la hora de la realización de diseños de los sistemas de seguridad.

Tipos de Seguridad

En el ámbito de Seguridad Bancaria abarca una serie de seguridades entre las que destaca:

-Seguridad Básica: Constituida principalmente por los planteamientos arquitectónicos (cerramientos y elementos constructivos), los medios de protección física y mecánica (blindajes, cajas fuertes, cerraduras, cámaras acorazadas, etc.) y los medios de prevención y protección activa o electrónica (sistemas de detección, control, registro, etc.)

-Seguridad Operacional: Constituida por los procesos administrativos y de control de riesgos, informaciones y datos confidenciales, formación y capacitación del personal, control de accesos y circulación de personas, control de las instalaciones de gestión y seguridad.

-Seguridad Informática: Constituida por los sistemas de protección de la información, control de las comunicaciones, transmisión de datos, control y protección de los procesos operativos.

-Seguridad Personal: Constituida por los sistemas y operativos especiales correspondientes para la protección de personas, de informaciones y valores específicos, así como por los dispositivos necesarios ante situaciones de riesgo o amenaza no habituales (agresiones terroristas, amenaza de bomba, catástrofes, etc.)

Lo cual es muy acertado ya que la Seguridad Bancaria es integral en un sistemas de seguridad que abarca: Seguridad física, seguridad electrónica, seguridad de la información e informática, seguridad y salud en el trabajo, seguridad transporte de valores, selección de personal.

2

ANALISIS DE RIESGOS

En general, se puede definir a un-Sistema de Seguridad, como el conjunto de elementos e instalaciones necesarios para proporcionar a las personas y bienes materiales existentes en un local determinado, protección frente a agresiones, tales como robo, atraco o sabotaje, incendio, etc.

DEFINICIONES DE RIESGO:

Es la contingencia de que se produzca un daño. Todas las operaciones realizadas en la empresa llevan un riesgo implícito.

Riesgo es la proximidad voluntaria o inconsciente a una situación de peligro. Es la exposición al peligro o a circunstancias que nos puedan crear un daño.

Riesgo es la posibilidad de ocurrencia de un evento dañino

Es una situación mediante la cual una persona o un bien tangible o intangible están expuestos al alcance o a los efectos de un peligro.

Riesgo es la relación que se establece entre un peligro y un sujeto u objeto. Mientras no exista esa relación no hay riesgo.

Alguien escribió... **"en este mundo nada es seguro, salvo los impuestos y la muerte"** ... Riesgo es la incertidumbre que todos soportamos de que se presente un evento incierto que si ocurre producirá pérdidas.

Es el cambio de una satisfacción inmediata y cierta a la que se renuncia, contra la esperanza que se adquiere y de la cual el bien invertido es el soporte. Esta esperanza de recompensa futura está sometida a los riesgos múltiples.

Es un análisis del riesgo como una actividad a desarrollar dentro de un sistema.

La empresa es un sistema complejo, un conjunto de partes actuando como un todo en relación armónica con el entorno.

Los componentes que interactúan son: entradas, salidas, transformaciones, realimentación, regulación, restricción, atributos del sistema entorno.

Las decisiones que se tomen en cualquiera de sus componentes afectan al resto de la organización.

Al analizar los riesgos se genera relación con el resto de las áreas.

La empresa necesita ser protegida no solo en sus activos, sus empleados y sus clientes, sino también en sus actividades y proyecciones. Toda actividad necesita de un esfuerzo, una cantidad de tiempo, el consumo de unos recursos. Las actividades implican algunos riesgos, incluyen vulnerabilidad y crean incertidumbre (contingencia de situaciones no prevista ni previsible en circunstancias normales). Ese conjunto de acciones y reacciones coordinadas constituyen un sistema.

El transporte de valores deberá efectuarse adoptando las medidas de seguridad necesarias para este tipo de operación, de conformidad con los modelos y matrices de administración de riesgos de cada compañía

Administración de Riesgos

Las empresas de transporte y custodia de valores deberán contar con una política de administración de riesgos. Su formulación estará a cargo de la alta dirección y tendrá como base el mapa de riesgos construido durante el proceso y contendrá objetivo, alcance, estrategias para el desarrollo de la política, roles y responsabilidades, plan de acción para desarrollar la política y seguimiento y evaluación a la efectividad de la política de administración del riesgo.

CONCEPTOS Y DEFINICIONES

BIEN: Persona animal o cosa que en determinadas circunstancias posee o se le atribuye una o varias cualidades benéficas que le dan un valor.

Se clasifica por:

Su naturaleza: Materiales naturales y artificiales e, inmateriales, reales e imaginarios.

Su estado: Integro no integro.

En su relación con los agentes de daño: en situación de seguridad, de riesgo, de peligro, en accidentes o emergencias, de daño o siniestro, en situación de regreso a la normalidad.

DAÑO: Variación real o supuesta que experimenta un bien en virtud de la cual sufre una devaluación o precio del que era objeto. Es un peligro perfeccionado.

Lesión psicológica o moral que sufre una persona o un grupo social.

RIESGO: es la contingencia de que un bien pueda sufrir un daño. No existe riesgo cuando no hay la posibilidad de daño o cuando el daño ocurrirá de todas maneras o ya ocurrió. Para que exista un riesgo debe existir un peligro.

SEGURIDAD: Estado ideal en que se encuentran los bienes.

INSEGURIDAD: estado normal en que se encuentran los bienes.

PROTECCIÓN. Conjunto de normas medios y acciones cuyo fin es conseguir la seguridad.

PELIGRO: posibilidad latente de causar daño.

VULNERABILIDAD: debilidad estructural. Permite que otros nos ataquen para hacer un daño. Pueden ser: físicas, personales, procedimentales o de comportamiento.

AMENAZA: riesgo enfocado a una vulnerabilidad. Es la insinuación o información de que se va a hacer un daño

INCERTIDUMBRE: desconocimiento de las proporciones de la amenaza.

ATAQUE: fundamentado en la vulnerabilidad.

CLASIFICACIÓN DEL RIESGO

En función del agente causal
En función del bien.
En función de su manifestación
En función del daño

TEORIA DEL RIESGO

DEFINICION:

El riesgo es la proximidad o exposición voluntaria o involuntaria al peligro.

CLASES DE RIESGOS:

INOCENTE: Es cuando no se calcula, no se tiene en cuenta el peligro al que estamos expuestos, teniendo en cuenta que cualquier actividad por mínima que sea tiene riesgo.

CALCULADO: Es cuando al efectuar una actividad sabemos a ciencia cierta los peligros al que estamos expuesto, aceptamos el reto esperando actuar con profesionalismo y con los medios disponibles para prevenir o superar el peligro.

FUENTES DEL RIESGO

Todo esto obedece a que las Instituciones Financieras tienen los siguientes Riesgos, así:

- Riesgos Naturales: Inundaciones, tormentas eléctricas, seísmos, etc.

- Riesgos Tecnológicos: Si se tiene la facilidad para interconectarse.

- Riesgos Técnicos: Diseño y fabricación, construcción o

montaje, conservación, control de mantenimiento, averías de instalación, etc.

- Riesgos Antisociales: Robo, atraco, hurto, secuestro, sabotaje, fraude, estafa, vandalismo, amenaza de bomba, incendio provocado, falsificación de cheques o moneda, terrorismo etc.

- Riesgos Sociales y Laborales: Accidentes de trabajo, golpes, caídas, explosión fortuita, etc.

Ante este contexto, las entidades Bancarias y Financieras deben contar con un Plan de Seguridad para gestionar el catálogo de riesgos arriba expuesto que aquejan a la actividad financiera.

En dicho plan se realiza la identificación, análisis y evaluación de los riesgos que atentan contra la actividad bancaria, así como la determinación de los recursos a utilizar para proteger a la institución, y finalmente se establece manuales y procedimientos. Toda esta información es necesario agrupar en un solo documento para establecer el Plan Integral de Seguridad.

El Plan Integral de Seguridad es el documento por el que se rigen todos los planes de seguridad de una empresa, organismo o instalación. Tiene por objeto coordinar los esfuerzos, asignar responsabilidades y cometidos, así como determinar los recursos humanos y materiales necesarios para la elaboración, desarrollo e implantación de los diversos planes de seguridad, a fin de hacer frente a los riesgos y amenazas que afecten a las diferentes áreas que conforman

una entidad

bancaria.

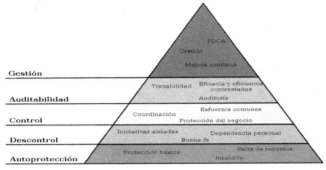

EVALUACIÓN DE RIESGOS

CONCEPTO DE EVALUACIÓN DE RIESGOS

Es el proceso por el cual realizamos la valoración de los factores de riesgo.

Será más eficiente en la medida en que las variables estudiadas tengan mayor influencia en el riesgo considerado.

EVALUACION SUBJETIVA Y OBJETIVA

La subjetiva se fundamente en apreciaciones personales, depende de la calidad del sujeto, no es comparable con otra ya que cada uno tiene una apreciación diferente por diferentes criterios de valoración.

La objetiva, está basada en métodos estadísticos matemáticos, es comparable por personas diferentes.

METODOS CUANTITATIVOS DE EVALUACION

Son abundantes y seguirán apareciendo más, ya que cada Analista de Riesgos los puede crear acorde con su necesidad.

Su clasificación sería:

DE ESQUEMA DE PUNTOS: se adjudican determinados valores a los factores que se consideren claves en la evaluación del riesgo determinado.

ESTADÍSTICOS: se basa en estudios de probabilidad y en datos históricos.

MATEMATICO: planteamientos de probabilidades y físicos, dando un modelo de aplicación.

EL RIESGO SE CALCULA O MIDE POR:

El tiempo: proximidad a una fecha, día, hora.

Por la distancia: por la cercanía a un lugar o área geográfica.

Por las circunstancias: teniendo en cuanta hechos o acciones que pueden crear o provocar situaciones de peligro general o selectivo, que las puedan contrarrestar o disminuir.

Por los niveles de Seguridad: teniendo en cuenta los medios de seguridad disponibles (propios, estatales)

Por los factores de riesgo: teniendo en cuanta la calidad y la cantidad de factores de riesgo.

NIVEL

Se clasifica así:

ALTO, con probabilidad de que ocurra del 70%

MEDIANO, con probabilidad de que ocurra entre el 30 y el 70 %

BAJO, con probabilidad de que ocurra menor al 30%

METODOS PARA IDENTIFICAR LOS RIESGOS

INDUCTIVO: estudia los hechos conocidos y llega a una conclusión (hipótesis).

DEDUCTIVO. Parte de peligros desconocidos pero que se deducen por los factores de riesgo (hipótesis).

CUANTITATIVO: establece relación costo- beneficio (establece sí las medidas de seguridad valen + o – que el riesgo).

CUALITATIVO: no se mide, es subjetivo (daño moral, de imagen).

EVALUAR LOS RIESGOS

Balance económico entre el impacto del riesgo y el costo de la seguridad. Costo-Beneficio.

Determina la frecuencia del peligro.

Determinado el impacto del daño.

Calculando el índice de probabilidades (nivel del riesgo).

Lo anterior nos permite tomar decisiones:

Conocer los riesgos: reducir la incertidumbre de dejarlos al azar (disminución de la pérdida por consecuencia del asalto, estudiando e implementando medidas preventivas y represivas).

Previene el riesgo: es la mejor solución al problema del riesgo por ser la más eficaz y económica (el vendedor que deposita en el banco el producto de las ventas).

Retiene el riesgo: acepta lo identifica, deja que ocurra por no afectarlo su cuantía y detiene o para el riesgo.

Acepta el riesgo. Establece una reserva de dinero, convive con él y lo monitorea.

Transfiere el riesgo: total o parcial a otros (Seguros).

Reduce el riesgo: disminución de la frecuencia de las actividades de riesgo.

Distribuye el riesgo: distribuir equipos, materiales, personas etc. para evitar una pérdida mayor y generar solo pérdidas menores distribuidas en el tiempo.

Estudio de Nivel de Riesgo.

Es el resultado del análisis técnico de seguridad sobre la gravedad e inminencia de la situación de riesgo y amenaza en que se encuentra una persona natural, familia o grupo de personas, así como de las condiciones particulares de vulnerabilidad que les afectan. El estudio de nivel de riesgo tomará en consideración los factores de diferenciación determinados en el presente decreto.

Riesgo Mínimo.

Ocupa este nivel quien vive en condiciones tales que los riesgos a los que se enfrenta son únicamente los de muerte y enfermedad natural. La persona sólo se ve amenazada en su existencia e integridad por factores individuales y biológicos.

Riesgo Ordinario.

Es aquel al que están sometidas todas las personas, en igualdad de condiciones, por el hecho de pertenecer a una determinada sociedad, genera para el Estado, la obligación de adoptar medidas generales de seguridad a través de un servicio de policía eficaz.

Riesgo Extraordinario.

Es aquel que las personas no están jurídicamente obligadas a soportar y conlleva el derecho de recibir del Estado la protección especial por parte de sus autoridades, de acuerdo a las siguientes características:

Que sea serio, de materialización probable por las circunstancias del caso;

Que sea claro y discernible;

Que sea excepcional en la medida en que no debe ser soportado por la generalidad de los individuos;

Que sea desproporcionado, frente a los beneficios que deriva la persona de la situación por la cual se genera el riesgo.

Que sea específico e individualizable;

Que sea concreto, fundado en acciones o hechos particulares y manifiestos y no en suposiciones abstractas;

Que sea presente, no remoto ni eventual;

Que sea importante, es decir, que amenace con lesionar bienes o intereses jurídicos valiosos, integridad física, psíquica y sexual para la víctima o testigo.

Riesgo Extremo.

Es aquel que amenaza o vulnera los derechos a la vida e integridad, libertad y seguridad personal y se presenta al confluir todas las características señaladas para el riesgo extraordinario. Adicionalmente, este tipo de riesgo debe ser:

a) Grave e inminente;

b) Dirigido contra la vida o la integridad, libertad y seguridad personal

c) Con el propósito evidente de violentar tales derechos.

GRADOS DEL RIESGO

Para determinar el grado de riesgo de una persona, instalación o actividad, se tiene en cuenta la siguiente formula:

POSIBILIDAD O PROBABILIDAD +	VULNERABILIDAD =	GRADOS DE RIESGO

PROBABILIDAD	: Es cuando un hecho se ha presentado con anterioridad y se puede probar que puede volver a ocurrir. La amenaza

	está fundamentada y se sabe la dirección u objetivo de la amenaza	
POSIBILIDAD	: Es un hecho que puede suceder, no hay pruebas y tampoco se ha presentado con anterioridad. No está fundamentada y no se sabe la dirección u objetivo de la amenaza.	
VULNERABILIDAD	: Debilidades, deficiencias que tenemos en el sistema de seguridad o que se pueden presentar por fallas en un sistema optimo. Este factor más la probabilidad que el hecho fuera a ocurrir nos determina el Grado del Riesgo.	

NIVEL REAL DE RIESGO	PROBABILIDAD O POSIBILIDAD DE REALIZARSE LA AMENAZA	VULNERABILIDADES MAS NOTORIAS	DESCRIPCION
DESCONOCIDO **LEVE O RARO** MUY BAJO	No se percibe presencia cerca o inmediata de peligro. **SITUACION SEGURA**	No configura riesgo alguno	Simples indicios poco preocupantes.
NORMAL **APARENTE** BAJO	La amenaza de realizarse es el resultado de la casualidad. **POSIBILIDAD**	Se está considerando como un blanco de la delincuencia	Situación general Normal, se requiere de Observación. Es manejable.
MODERADO **FRECUENTE** MEDIO	Se presentan indicios de amenaza, o peligro. **PROBABILIDA**	Ausencia de medidas de Seguridad. Falta actitud preventiva.	La amenaza o peligro es preocupante, sensación de inseguridad.

29

	D		
GRAVE **PERIODICO** ALTO	La amenaza se materializa, aparece el terrorismo y actividades delictivas. **MATERIALIZA CION**	Ausencia de medidas de Seguridad, Defensivas, Preventivas	Peligro serio y Directo, la Desprotección llega a los Limites de la impotencia para garantizar la seguridad.
PELIGROSO **PERMANENTE** MUY ALTO	La amenaza se realiza en forma continua, grave y frecuente. **SITUACION DE CRISIS**	El sistema en su totalidad fallo. Se presenta la crisis.	Peligro cierto y Mortal. La inseguridad afecta todos por igual.

Observación: Diferentes autores que han escrito sobre los grados de Riesgos, definen a estos de diferente modo, por lo que se colocaron tres nombres diferentes que son válidos en seguridad.

NOMBRE DE LA EMPRESA: _____

CUADRO DE INDICIOS Y FACTORES DE RIESGO

CARACTERISTICAS	NO	A VE CES	SI	¿POR QUE?
	2	3	5	
LA EMPRESA DONDE LABORO SOBRESALE DE LAS OTRAS EMPRESAS				
EN LA EMPRESA DONDE PRESTO LA VIGILANCIA SE GENERAN SENTIMIENTOS DE ENVIDIA - RESENTIMIENTO				
LA EMPRESA MUEVE GRANDES CANTIDADES DE CAPITALES				
LA EMPRESA MANEJO GRAN CANTIDAD DE EFECTICO				
DESCONFIA DE LOS EMPLEADOS				
EN EL INTERIOR Y ENTORNO DE LA EMPRESA SE CONOCEN LOS SALARIOS DE LOS EJECUTIVOS				
LA EMPRESA ES MULTINACIONAL				
LA EMPRESA ASUME POSICIONES RADICALES, INJUSTAS Y/O HUMILLATIVAS				
LA EMPRESA TIENE UNA RECONOCIDA PUBLICIDAD				
EXISTEN FUNCIONARIOS DE LA EMPRESA QUE PUEDAN SER SECUESTRADOS – EXTORSIONADOS				
LA EMPRESA A SIDO OBJETIVO DEL TERRORISMO O DELINCUENCIA				
HA NOTADO MOVIMIENTOS EXTRAÑOS EN EL INTERIOR				
HA NOTADO MOVIMIENTOS EXTRAÑOS EN EL ENTORNO				

SE CONSIDERA LA EMPRESA OBJETIVO TERRORISTA				
LOS FUNCIONARIOS -EMPLEADOS UTILIZAN ALTO PERFIL				
NO EFECTUAN PROCESO DE SELECCION DE PERSONAL Y ESTUDIO DE SEGURIDAD PERSONAL				
HAY CARENCIA DE LAS AUTORIDADES EN LA ZONA				
LA VISIBILIDAD AL INTERIOR ES FACIL				
LA VIGILANCIA PRIVADA ES MALA				
EXISTEN ADECUADOS CONTROLES DE ACCESO DE PERSONAL				
LOS CONTROLES INTERNOS DE TRAFICO SON MALOS				
EXISTE PARQUEDERO EN LA EMPRESA				
SON INADEECUADOS LOS CONTROLES DE ACCESO DE PERSONAL AL EDIFICIO				
EXISTEN EN LOS ALREDEDORES PARQUEADEROS				
CARECEN DE EQUIPOS DE SEGURIDAD: CAMARAS - SISTEMAS ELECTRONICOS DE SEG. – ALARMAS				
NO ACEPTAN Y APLICAN LAS SUGERENCIAS QUE DA EL SERVICIO DE VIGILANCIA O AUTORIDADES				
CARECEN DE PLANES DE EMERGENCIA EN LA EMPRESA				
LOS EMPLEADOS CARECEN DE CAPACITACION CONTRA LOS ACTOS TERRORISTAS				
TOTAL, DE PUNTOS				

CALIFICACION DEL RIESGO	PUNTAJE
MUY ALTO	DE 103 A 140 PUNTOS
ALTO	DE 85 A 102 PUNTOS
MEDIANO	DE 57 A 84 PUNTOS
BAJO	DE 56 PUNTOS PARA ABAJO

EJERCICIO PRACTICO:

- Haga un análisis del puesto de Vigilancia donde labora.
- Sugiera 5 características no contempladas en este Cuadro de indicios.

2. PROCESO DE ELABORACION DE ESTUDIO DE PROBABILIDADES

El proceso de elaboración del estudio de probabilidades, consta de tres fases, así:

- **DESCRIPCION:** La primera fase, es la descripción total del sitio donde se va a realizar el estudio de probabilidades, parte externa, que es el entorno, parte media, que son las barreras perimétricas y la parte interna que son las instalaciones, esta descripción tiene que ser al detalle por lo que se recomienda emplear cámaras fotográficas, de video y/o grabadora, elaborar croquis

- **ANALISIS:** Una vez obtenida la descripción y de haber conocido el sitio al detalle, se hace un análisis de los sistemas de protección existentes con respecto a los actuales riesgos y vulnerabilidades.

- **CONCLUSION Y RECOMENDACIÓN:** En esta fase se determinará el grado de Riesgo del sitio y se presentaran propuestas para minimizar los riesgos y desaparecer las vulnerabilidades, fortaleciendo el sistema de protección.

3

ESTUDIO DE SEGURIDAD

Estudios de Seguridad Física

Corresponde a los análisis que se realizan sobre elementos materiales que tienen una incidencia directa en la prestación del servicio, así:

- De Procesos, para evaluar la conveniencia de los modelos de operaciónutilizados, y su incidencia en la infraestructura;

- De instalaciones, para garantizar condiciones óptimas de funcionamientode sus sedes;

- De los puntos de prestación del servicio;

- De rutas, para identificar las vulnerabilidades durante los desplazamientosque realizan los vehículos encargados del transporte de bienes valorados;

Infraestructura. Instalaciones

Las empresas Transportadoras de Valores deberán contar con instalaciones debidamente diseñadas que cumplan con estándares de construcciónpara la protección de los espacios donde se resguardan los valores, que garanticenlas medidas de seguridad necesarias para prevenir cualquier modalidad delictiva que se pueda presentar a las bóvedas, como hurto por ventosa o túneles. Igualmente deberán contar con Armerillo e instalación para la guarda de equipos de comunicación, cuya puerta de acceso y ventanas deben resistir ataques y planta eléctrica con capacidad suficiente para satisfacer las necesidades de las instalaciones.

Seguridad física: Las instalaciones de las empresas transportadoras de valoresdeben contar con medidas de seguridad física, integradas por personal y sistemas electrónicos e instalaciones adecuadas, que minimicen o reduzcan los riesgos y quepor consiguiente garanticen la integridad física de funcionarios, y bienes valoradosque permanecen en custodia, así como de bóvedas de altas especificaciones técnicas, tanto en su sede principal, como en todas aquellas sucursales o agencias.

En la ejecución y cumplimiento de este protocolo, se deberán contemplar estrictas medidas de seguridad para el área perimetral, que cuenten entre otros con:

Controles de acceso mediante esclusas peatonales y vehiculares.

- Suficiente iluminación interior y exterior.
- Puertas de seguridad operadas con control dual.
- Áreas de alta seguridad con acceso restringido.
- Control permanente a través de Circuito Cerrado de Televisión y sistemas dealarma.

- Coordinación de planes de apoyo con la fuerza pública para defensa de lasinstalaciones.
- Coordinación de planes de apoyo con la fuerza pública para operaciones degran cuantía.
- Garitas de entrada a las instalaciones con vidrios y paredes que resistanataques con armas de fuego.

CONOCIMIENTO DEL ENTORNO

1.- INTRODUCCION

El estudio de seguridad es la base de todo programa de Seguridad, es el primer paso que toda empresa de Vigilancia debe hacer, para determinar un plan básico de Vigilancia, donde se incluya el Número de G.S., tipo de armamento, comunicaciones, funciones, controles y procedimientos, presentar las recomendaciones con la propuesta o cotización al usuario, mostrándole sus verdaderas necesidades en seguridad.

El proceso de un estudio de seguridad se determina en las siguientes fases, así:

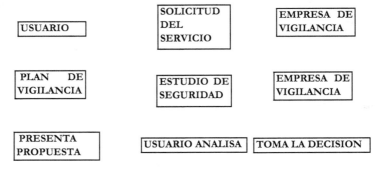

Una vez el usuario toma la Decisión, la Empresa de Vigilancia procede a la selección del personal y efectúa una inducción, para que el personal conozca la organización, funciones, controles y procedimientos en los puestos.

2.- DEFINICION DE ESTUDIO DE SEGURIDAD

Es el conocimiento que se adquiere de personas, instalaciones y procedimientos, para ser analizado con relación a las normas de seguridad vigentes y situaciones de riesgo que se puedan presentar, para determinar sus Vulnerabilidades diseñando un sistema de protección que brinde una mayor y mejor cobertura de la seguridad.

3.- CLASES DE ESTUDIOS DE SEGURIDAD

1.- FISICO: El que se hace a las instalaciones, empresas, industrias, oficinas, almacenes, viviendas

2.- PERSONAL: El que se le efectúa a las personas y se tienen dos categorías:

* **LABORAL:** Es que se les adelanta a los trabajadores de una empresa antes del ingreso y durante el tiempo que dure en la empresa para determinar su grado de confianza.

  * **PERSONAJES:** Es el que se le hace a la persona que por su importancia, jerarquía o posición tienen un mayor grado de riesgo, tales como: Industriales, presidentes de empresas,

funcionarios públicos, etc., y determinan sus Vulnerabilidades en su seguridad.

4.- PROCEDIMIENTOS (ESPECIALES): Son los que se les hace a las diferentes normas, procedimientos, controles, planes de prevención que tiene una empresa, para determinar sus deficiencias, normalmente esta incluido en el estudio de seguridad físico.

5.- FINALIDADES DE UN ESTUDIO DE SEGURIDAD

1.- Conocer las Vulnerabilidades (debilidades) del sistema de seguridad.

2.- Conocer las fortalezas del sistema de seguridad.

3.- Conocer el grado de Confianza de una persona.

4.- Conocer los riesgos existentes.

5.- Conocer las fuentes de riesgos existentes, probables o posibles.

6.- Elaborar un plan básico de seguridad, prevenir y proteger eliminando los riesgos, de no ser posible estar preparado para disminuir sus efectos.

6.- ANILLOS DE SEGURIDAD O PROTECCION

El mejor sistema Protección es el conocido mundialmente como ANILLOS DE SEGURIDAD, la importancia que se le quiera brindar a la seguridad, determina el número de anillos, teniendo cuatro como básicos, así:

NIVELES DE PROTECCION

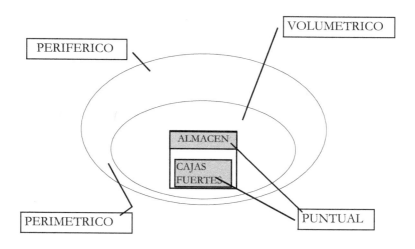

PERIFERICO: Todos los puntos de control, críticos, vías de acceso, autoridades y otros que están en los alrededores del puesto de vigilancia.

PERIMETRICO: Los límites del Puesto de Vigilancia, en una casa o Local son las paredes que colindan con otra casa, en empresas grandes e industrias, son los muros, mallas.

VOLUMTRICO: Es el conjunto interior de una o varias edificaciones dentro del perímetro.

PUNTUAL: Son las dependencias mas susceptibles a la delincuencia, puede ser una o varios puntuales.

Los anillos de Seguridad o Protección se deben de analizar tanto horizontalmente como en forma vertical, teniendo en cuenta los siguientes aspectos:

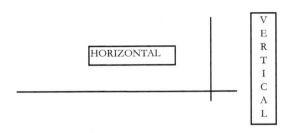

7.- PROCESO DE ELABORACION DEL E.S.

El proceso de elaboración del Estudio de Seguridad Físico, consta de tres fases, así:

- **DESCRIPCION:** La primera fase, es la descripción total del sitio donde se va a realizar el estudio de Seguridad, parte externa, que es el entorno, parte media, que son las barreras perimétricas y la parte interna que son las instalaciones, esta descripción tiene que ser al detalle por lo que se recomienda emplear cámaras fotográficas, de vide y/o grabadora.

- **ANALISIS:** Una vez obtenida la descripción y de haber conocido el sitio al detalle, se hace un análisis de los sistemas de protección existentes con respecto a los actuales riesgos y vulnerabilidades.

- **CONCLUSION Y RECOMENDACIÓN:** En esta fase se determinará el grado de Riesgo del sitio y se presentaran propuestas para minimizar los riesgos y desaparecer las vulnerabilidades, fortaleciendo el sistema de protección.

Las Compañías exitosas y por tanto las más lucrativas, son por lo general las mejor dirigidas, controladas y las más seguras. Un alto grado de seguridad y control se logra por medio de la implantación de oportunas medidas de prevención, y nunca merced de planes súbitos, improvisados o por medio de programas de emergencia o de corto alcance.

El estudio de seguridad nos determinará en forma concreta el grado de amenaza y el nivel de riesgo. Con base en los resultados del estudio se diseñará el Programa de Seguridad, cuya amplitud y costo serán proporcionable al grado de exposición o peligro en que se encuentra actualmente la planta física y el personal de la empresa.

De acuerdo a lo anterior la Seguridad debe ser parte fundamental de la política gerencial a largo plazo, de cubrimiento integral y de alcance general y, como tal se debe convertir en uno de los más importantes puntos de apoyo para el desarrollo normal de la empresa.

Otro de los objetivos del Estudio de Seguridad, es de aproximar a la Gerencia _ a la realidad actual, reflejada en la falta de medidas de prevención las cuales permiten o facilitan que los niveles de inseguridad se disparen.

Teniendo en cuenta el anterior análisis, consideramos de vital importancia el apoyo que la Gerencia brinde al desarrollo del plan de seguridad, de tal manera que permitan identificar los riesgos, amenazas y vulnerabilidades en las diferentes áreas y procesos para prevenir, detectar y corregir todas las fallas que afectan y que atenta con el normal funcionamiento de la Empresa.

ELABORACION DE UN ESTUDIO DEL CONOCIMIENTO DEL ENTORNO

ESTUDIO DE SEGURIDAD

<u>DESCRIPCIÓN</u>

INFORMACION GENERAL:

Es la información general del sitio u organización donde se va ha efectuar el estudio de Seguridad.

FUNCION DE LA EMPRESA: Es el Objeto social de la misma, se hace una breve descripción de su proceso.

ORGANIZACION: Es un censo general de las personas que laboran o residen en el sitio y su jerarquía.

HORARIOS DE TRABAJO: Permite determinar el número de personas y horario de permanencia en el sitio, es importante para saber que personas están autorizadas para laborar y para elaborar los Planes de Emergencia.

ESTUDIO DEL AREA PERIFERICA (TERRENO CIRCUNDANTE):

El Nivel Periférico es el Perímetro exterior este compuesto por la Topografía, barrios, conjuntos residenciales, status social, condiciones sociales, actividad comercial, autoridades, personajes, estaciones de servicio, hospitales, bomberos, subestaciones de teléfonos- electrificadora – gas – acueducto, construcciones, fuentes de riesgos (grupos de delincuencia, drogadicción), iluminación, vías de acceso, afluencia de personas, transporte.

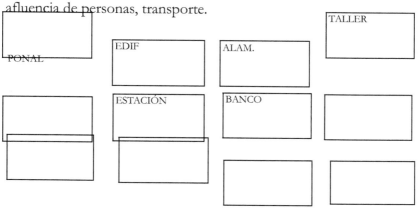

La forma de determinar si es vulnerabilidad o fortaleza, es analizando cada situación en forma particular, en este momento se debe tratar de pensar como actuaría el delincuente, que técnica emplearía, que fachada utilizaría, mas sin embargo debe tener en cuenta, no hay fortalezas 100% seguras, por consiguiente, hay que reforzarla, lo que aparenta ser una fortaleza se puede convertir en debilidad. Ejemplo: Tener el puesto de Vigilancia al lado de un puesto de Policía, se puede analizar como una fortaleza, debido a que se cuenta con un apoyo inmediato por parte de las autoridades, pero también se convierte en una vulnerabilidad, en el caso de que ese mismo CAI sufra un atentado terrorista. En esta primera fase del estudio veremos:

1.- Área rural, urbana, sub – urbana: La ubicación es de vital importancia, una Área Rural presenta ventajas: No hay mucha afluencia de personas, se puede tener un censo de las viviendas y habitantes aledaños, una o máximo dos vías públicas, los habitantes se pueden integrar a un programa de asistencia y de acción Cívica. A su vez presenta desventajas, retirado de un apoyo inmediato, servicios públicos deficientes y fácil de sabotear, permite encubrimiento al delincuente. Área Urbana, presenta ventajas, apoyo más rápido por parte de la empresa y autoridades, servicios públicos eficientes, mayor vigilancia por parte de las autoridades. Desventajas, vías de acceso, fácil desplazamiento, emplear diferentes fachadas, mucha afluencia de personas.

2.- Topografía: La topografía se puede definir como plana, ondulada, montañosa, árida, selvática, boscosa, con el apelativo de semi, muy o poco. Presenta sus ventajas y desventajas, se debe tener en cuenta la observación, el follaje, vías de acceso como trochas, ríos, quebradas, precipicios, puntos críticos del terreno, desniveles.

3.- Población: De la población los puntos de referencias son: Status social (Alto – Medio – Bajo) Un Status Alto se puede decir que es ventaja, las personas tienen una cultura alta, buenos ingresos, etc. Pero también tienen sus desventajas, son mas susceptible de amenazas, atentados, secuestros. Actividad económica, Comercial, industrial, financiera, portuaria, residencial y va ligada al panorama social y condiciones de trabajo.

4.- Servicios Públicos y autoridades: Es importante tener en cuenta la ubicación, distancia y tiempo de Policía, bomberos, hospitales, ambulancias, centrales o sub – estaciones de servicios públicos, para que se pueda brindar una ayuda en forma oportuna, teniendo en cuenta que tenerlos cerca, también presenta desventaja.

CARACTERISTICA DEL VECINDARIO:

Es describir la actividad económica del sector, el nivel social del sector, la tendencia de los habitantes, oficios, actividades, etc., de igual manera, los fenómenos naturales que se han presentado, latentes o probables, como de igual la experiencia de otras empresas.

PERIMETRO:

Es el nivel de Protección Volumétrico, se describe los limites del sitio y consta de los siguientes puntos.

CONSTRUCCION: Hace referencia a las construcciones o terrenos aledaños, tipo de construcción, terrenos baldíos, quebradas, etc.

BARRERAS: Casas, la fachada (Entrada o frente), paredes que limitan con los vecinos, patios. Edificio, la fachada (Entrada o frente), paredes que limitan con los vecinos. Conjuntos de Casas - Torres de Edificios y Empresas, se describen los tipos de barreras e iluminación, para lo cual existen diferentes diseños, así:

TIPO DE BARRERAS: NATURALES: Ríos, quebradas, precipicios, taludes, árboles o cualquier fenómeno de la naturaleza que brinda protección. ARTIFICIALES: Muros, Rejas, Mallas, Cercas o combinados.

ILUMINACION: NATURALES: La luz día (sol) en la noche la luna, es importante conocer las fases lunares. ARTIFICIAL: AEREA: Existen múltiples sistemas de bombillos, con características diferentes, mayor espectro (área iluminada) que otros y su duración entre otros aspectos, la ubicación y área por iluminar es importante, teniendo en cuenta, que las empresas y conjuntos prefieren que la iluminación sea al interior y descuidan el área exterior. TERRESTRE: Farolas que están a ras de piso.

PUNTOS CRITICOS: Esto todo aquello que permita el sobre paso a la barrera, sea esta por la parte alta o baja de la estructura, como árboles, edificaciones pegadas, canecas, alcantarillas, huecos, etc. Puntos ciegos, son aquellos que por algún motivo no dan una visibilidad completa a la malla, desechos, árboles, matas, mala iluminación artificial.

CONTROLES DE ACCESO: Por ser una barrera, tiene entradas y salidas, describir que tipo de controles de acceso tienen, barras, rejas, portón, puertas, etc.

INSTALACIONES:

Las instalaciones se hace una descripción general de la construcción, si es en cementos, tipo de mampostería, número de plantas(pisos), cantidad de edificaciones, etc. Posteriormente, se coge dependencia por dependencia y se describe teniendo en cuenta los siguientes aspectos:

PUERTAS: Tipo de puerta (Constitución): Madera, metálica, vidrio, combinada; Marco o Cerco de la puerta; Bisagras, pivotes de seguridad y tacos; Accesorios (Ojo mágico - alarma - cerrojos); Cerraduras.

VENTANAS: Constitución: Vidrio, plano, corrugado, blindado, Anjeo, hueco. Marco - Bisagras - Accesorios - Cerradura.

TECHO: Tipo de techo en zinc, teja Eternit, teja de barro, plancha. Traga Luz - Altura - Protección.

SISTEMA DE REFRIGERACIÓN: Ductos de aire, calados, claraboyas.

ILUMINACION INTERNA: Natural y artificial, sistema empleado.

ESTUDIO DEL CONOCIMIENTO DEL ENTORNO - ESTUDIO DE SEGURIDAD FISICO

LUGAR Y FECHA	:
EMPRESA	:
DIRECCION	:
TELEFONO	:
GERENTE	:
JEFE DE SEGURIDAD	:
FUNCIONARIOS PARTICIPANTES	:
ASESOR EN SEGURIDAD	:

I. DESCRIPCION GENERAL DE LA EMPRESA

1.- FUNCION DE LA EMPRESA:

_____

_____

_____

2.- ORGANIZACIÓN DE LA EMPRESA

EJECUTIVOS		OPERATIVOS	
EMP. ADMINISTRATIVOS		PLANTA	
OBREROS		EXTERNOS	
CONTRATISTAS		TEMPORALES	

3.- HORARIOS DE TRABAJO

HORARIO DIAS	TURNO No 1			TURNO No 2			TURNO No 3		
	DESDE	HASTA	No EMPL	DESDE	HASTA	No EMPL	DESDE	HASTA	No EMPL
LUNES									
MARTES									
MIERC.									
JUEVES									
VIERNES									

SAB ADO									
DO M/G O									
FES TIV O									

3.- UBICACIÓN AUTORIDADES Y SERVICIOS DE EMERGENCIA

AUTORIDADES	DIRECCION	TELEFONO
POLICIA		
SIJIN		
DAS		
UNASES / GAULA		
BOMBEROS		
TRANSITO		
ELECTRIFICADORA		
EMPRESA DE GAS		
ACUEDUCTO		
CRUZ ROJA /DEF. CIVIL		
AMBULANCIAS		
CENTROS ASISTENCIALES		
OTROS		

II. TERRENO CIRCUNDANTE

1.- AREA: URBANA_____ SUB-URBANA_____ RURAL

_____
_____
_____
_____

2.- TOPOGRAFÍA: PLANA /MONTAÑOSA /BOSCOSA /SELVATICA /ONDULADA / DECLIVES

_____

_____

_____

_____

3.- SISTEMA VIAL: RUTAS DE ACCESO / RUTAS RAPIDAS/ LENTAS/ AUTOPISTAS

_____

_____

_____

_____

4.- SERVICIOS PUBLICOS DISPONIBLES: LUZ-AGUA-TELÉFONO-GAS-OTROS-

4.1. UBICACIÓN:

_____

_____

4.2 PRESTACIÓN DEL SERVICIOS

_____

_____

III. CARACTERISTICAS DEL VECINDARIO

1.- STATUS ECONOMICO: Condiciones de trabajo y salarios / sectores: RESIDENCIAL – INDUSTRIAL – COMERCIAL – BANCARIO – PORTUARIO – AGRICOLA – GANADERO – PETROLERO:

_____

_____

_____

2.- STATUS SOCIAL: ALTO - MEDIO ALTO – MEDIO – MEDIO BAJO - BAJO

_____

_____

3.- PANORAMA SICOLOGICO: Tendencias e influencias políticas, delincuenciales, subversivas, sindicales

_____

_____

_____

4.- FENOMENOS NATURALES: Riesgos generados por la naturaleza Sismos, inundaciones, avalanchas, terremotos, deslizamientos de tierra, etc.

_____

_____

_____

5.- EXPERIENCIAS DE OTRAS EMPRESAS / OTROS COMENTARIOS:

_____

_____

_____

IV. PERIMETRO

1.- CONSTRUCCIONES DEL PERIMETRO: Edificaciones Dominantes, tipos de construcción, desocupadas, lotes, terrenos baldíos, Construcciones que generen riesgo.

_____

_____

_____

2.- BARRERAS PERIMETRICAS: Tipo, altura, material, distancia a la edificación principal, estado, limpieza, mantenimiento, remate final, sistemas electrónicos.

_____

_____

3.- PUNTOS CRITICOS DE LA BARRERA: Desechos cerca de la barrera, puntos ciegos, obstáculos, Techos, paredes, árboles cerca de la malla.

_____

_____

_____

V. INSTALACIONES

1. TIPO DE CONSTRUCCIÓN: Cemento, Ladrillo, tapia pisada, madera, No Platas (pisos), cantidad de edificaciones (principal – alcobas)

   _____

   _____

   _____

2. CARACTERISITICAS DE LAS PUERTAS: Madera, metálicas, vidrio.
   PUERTA PRINCIPAL:

   _____

   PUERTASINTERNAS:_____

   _____

3. SEGURIDAD EN LAS PUERTAS: Gruesa, delgada, tipo de cerradura, sencilla, doble, pasadores.
   PUERTA PRINCIPAL:

   _____

   PUERTASINTERNAS:_____

   _____

4. VENTANAS: N° de ventanas, altura, material, cerraduras, protección.

_____
_____
_____

5. TECHOS: Tipo de techo, zinc, plancha, tejas, traga luces, altura, riesgos de penetración, protección, árboles.

_____
_____
_____

6. SISTEMA DE REFRIGERACIÓN O VENTILACIÓN: Ductos de aire, ventilación abierta, claraboyas.

_____
_____
_____

7. ILUMINACIÓN INTERNA: Durante el día y la noche, iluminación artificial y natural, sistemas empleados, riesgos.

_____
_____
_____

VI. ILUMINACIÓN PROTECTIVA

1. BARRERA PERIMÉTRICA: Tipo de iluminación, área, terrestre, total y adecuada, cubre toda la extensión de la barrera, sectores y puntos oscuros, alumbrado interior o exterior.

_____
_____
_____

2. SISTEMAS DE EMERGENCIA: Plantas de energía, capacidad, encendido, mantenimiento, pruebas.

_____
_____
_____

3. AREAS ILUMINADAS: Porterías, Parqueaderos, edificaciones, control de áreas aledañas

_____

_____

_____

4. SISTEMA DE CONTROL DE LA ILUMINACIÓN: Ubicación, acceso, manejo

_____

_____

_____

VII. CONTROL DE PUERTAS – CERRADURAS Y LLAVES

1. SISTEMAS DE CONTROL DE LAS PUERTAS: Llaves (Mecánica) electrónicas, eléctricas.

_____

_____

_____

2. CONTROL DE LLAVES O CODIGOS: Personas que manejan las llaves o códigos de barras. Cambios de cerradura por cambio de personal, perdidas, investigación por perdida o robo de llaves.

_____

_____

_____

3. LLAVES MAESTRAS: Existencia, personas autorizadas, distribución.

_____

_____

_____

4. DUPLICADO DE LLAVES: Existencia control, distribución, autorización.

_____

_____

_____

5. SERVICIO DE CAERRAJERIA: Empresa, personas, estudios de seguridad, personal.

_____
_____
_____

6. INSPECCION DE LLAVES: Duplicados de las llaves son inspecciones, sirven, seguridad de las mismas, inventario, periodicidad.

_____
_____
_____

7. SISTEMA DE ALARMAS EN LAS PUERTAS: Existencia y eficacia.

_____
_____
_____

8. REGISTRO DE APERTURA Y ACCESO: Control sobre puertas de acceso restringido.

_____
_____
_____

9. CAJAS FUERTES

N°	UBICACION	RESPONSABLES

4

DOCUMENTACIÓN

EN SEGURIDAD BANCARIA

Podemos establecer que el Plan Integral de Seguridad Bancaria está compuesto por diferentes documentos para su respectiva gestión y estos están gobernados por los siguientes planes de Seguridad

a)   Plan de Seguridad Contra Actos Antisociales: Es un documento elaborado con la finalidad de establecer las medidas de intervención y reacción, para la protección de las personas y bienes contra los riesgos antisociales.

b)   Plan de Prevención de Riesgos Laborales: Es un documento en el cual recoge las "medidas y el desarrollo de las actividades necesarias para la prevención de riesgos derivados del trabajo", logrando así promover la Seguridad y Salud de los trabajadores.

c)   Plan de Mantenimiento: Es un documento que establece las actividades de mantenimiento de los equipos y sistemas de seguridad implementados, con la finalidad de garantizar el funcionamiento y operatividad de los mismos en todo momento, para que puedan cumplir su función preventiva y protectora al 100%.

d)   Plan de Protección AVP: Es un documento que establece responsabilidades y cometidos al personal de seguridad así como también los medios a utilizar con la finalidad de proteger y salvaguardar la integridad y vida de personas muy importantes de las entidades bancarias.

e)   Plan de Emergencia: Es un documento que determina los recursos para la prevención y protección contra incendios, robos y asaltos, así como también las responsabilidades y procedimientos para la evacuación y la intervención inmediata frente a siniestros o desastres naturales.

f)   Plan de Protección de la Información: Es un documento en el cual establece las acciones y medidas a tomar para conservar la integridad, confidencialidad y disponibilidad de la información que maneja la institución.

INFORMACIÓN. CONCEPTO Y CARACTERÍSTICAS

La información es importante cuando tiene alguna utilidad, y si además esa información da alguna ventaja, se origina un interés por su posesión, especialmente cuando tiene algún tipo de retribución económica o de otro tipo. El simple hecho de saber que alguien posee o puede poseer una información privilegiada con retribución asociada, da lugar a que pueda surgir un acceso no autorizado a ésta. Dicho acceso no autorizado es conocido como espionaje, y si los medios empleados para obtenerla son electrónicos se denomina espionaje electrónico. Por todo ello, las empresas, personas u organismos que manejan información de acceso no público, y que quieren seguir manteniendo un acceso restringido, necesitan tener especial cuidado en su manejo controlando los diferentes soportes en que puede ser presentada, y muy especialmente cuando la posesión por terceros da lugar a la cesión de un lucro.

Requisitos de la información

-Continua.
-Activa.
-Objetiva.
-Actual.
-Detallada.
-Oportuna.
-Coordinada.
-Valorada.
-Protegida (abarcar la confidencialidad, la integridad y la disponibilidad).

Ciclo de la información

La información no se crea por generación espontánea, sino a partir de un método de investigación determinado por las siguientes fases:

a) Dirección.

b) Obtención.
c) Tratamiento.
d) Distribución.

Dirección

En esta fase, el mando militar o jefe de seguridad de una instalación o persona relevante determina las necesidades de información y dirige la organización, planificación, coordinación, ejecución y control de todos los órganos a su disposición.

Obtención

Podemos definirla como la explotación de las fuentes para conseguir la información necesaria en el siguiente peldaño del ciclo de la información.

Tratamiento

En esta etapa es donde se evalúa, analiza, sintetiza e interpreta la información obtenida. Una vez calificada la fuente (garantía del valor de la información obtenida), el analista descompone los datos en multitud de elementos para formular diversas hipótesis de trabajo (síntesis o integración) y posterior deducción o conclusión.

Distribución

A los responsables de la toma de decisiones para modificar los objetivos o medios.

Metodología de la información

Método científico

La elaboración de la información está basada en las teorías, principios y reglas de la investigación científica. Entre los métodos científicos más importantes destacan:

-Método de las Matemáticas.
-Método de las Ciencias Sociales.
-Método de la Historia.

-Método de las Ciencias Experimentales:

-Método Inductivo
-Método Deductivo
-Método Analítico
-Método Experimental

Método Inductivo

Utiliza un razonamiento de casos aislados para generalizar o establecer una proposición general. Comprende seis fases:

-Observación de los hechos.
-Formulación de hipótesis.
-Experimentación de las hipótesis.
-Análisis de los resultados.
-Interpretación de las causas y efectos.
-Conclusión o clasificación definitiva.

Método Deductivo

Opuesto al anterior método, aplica las leyes o conocimientos generales a los casos particulares. Se basa en el razonamiento matemático y consta de las siguientes fases:

-Observación de los hechos
-Descomposición de los hechos
-Análisis

Procedimientos de obtención

En la fase de obtención de la información, las personas u órganos encargadas de la misma se valen de diferentes medios para robar, comprar o elaborar la información necesaria. Son:

-HUMINT
-SIGINT
-ELINT
-PHOTINT

SISTEMA INFORMÁTICO

Concepto

Es el conjunto de medios y procedimientos capaces de elaborar, archivar y distribuir la información. Consta de un equipo mecánico y un soporte lógico.

SEGURIDAD DE LA INFORMACIÓN

Tipos de amenazas

Los archivos, cajas de caudales, Centro de Proceso de Datos o núcleo de la información están amenazados por diversas causas:

-Espionaje.
-Robo.
-Hurto.
-Sabotaje.
-Fraudes.
-Siniestros.
-Negligencia.
-Quebranto del secreto profesional.
 -Hackeo
-Manipulación.

SEGURIDAD DOCUMENTARIA

La seguridad de los documentos es otro de los temas de gran importancia para la seguridad de las empresas. Ella comprende el cuidado que se debe tener con:

- Documentación de circulación normal y libre acceso

- Documentación de línea administrativa interna y externa

- Documentación reservada

- Documentación estrictamente confidencial o de destinatario específico

- Documentación recibida por Telex, fax y monitores

- Documentación secreta con fórmulas industriales y/o comerciales.

En el manejo de las diferentes modalidades de documentación citadas anteriormente, habrá que tomar medidas de seguridad para evitar:

- Pérdidas de documentos por descuido en su recibo o entrega

- Revisar los medios usados por el correo local para evitar suplantaciones

- Si existe en la empresa el servicio de valija especial, solicitar instrucciones amplias y escritas sobre la misma

- Permanencia de personas no autorizadas en la oficina de radicación, archivo y correspondencia.

- Uso equivocado de los canales por los cuales se distribuye la documentación y no entregar documentos donde no corresponde ni a quienes no corresponde

- Documentos olvidados en dependencias como comedores y cafeterías.

En cuanto a la documentación que contiene secretos comerciales e industriales se debe tener cuidado con:

- Grabadoras electrónicas ocultas colocadas en sitios estratégicos, generalmente en los escritorios de los ejecutivos o en las salas de reunión en los elementos decorativos.

- Uso de micro cámaras para obtener copias de documentos de alto   secreto

- Confidencias de los empleados de la empresa sobre documentos que   manejan.

- Alucinógenos o somníferos dosificados en cigarrillos, bebidas y comidas para obtener un resultado delictivo contra personas que manejan el área de documentación secreta.

La información que se genera en una empresa, con respecto a:

a. Asuntos internos de producción y comercialización

b. Las personas que trabajan en ella

c. Los valores que maneja

d. Procedimientos de organización

e. Patrimonio de la empresa

Pueden ser en manos de enemigos potenciales, una fuente de riesgos. En ocasiones se encarga al vigilante de responder por una documentación y él debe conocer la importancia de la misma, para que tome los cuidados correspondientes por eso debe conocer:

Cómo clasificar la información

La información puede ser o no, clasificada.

La clasificada es la que sólo puede conocer un número restringido de personas y por tanto no puede darse a la luz pública.

La rutinaria o pública es aquella que puede y es conveniente que todas las personas la conozcan.

La información clasificada puede ser:

a. SECRETA. - Cuando sólo puede ser conocida por el primero y segundo nivel de jerarquía (gerente y comité ejecutivo de la empresa) y el Jefe de Seguridad.

b. CONFIDENCIAL. - Cuando puede ser conocida hasta por el tercer nivel (Jefatura de Departamentos y Jefes de Sección).

c. PERSONAL. - Aquella información que trata de temas que interesan a la persona a quien se le dirige y sólo se le debe entregar a ella.

d. EXCLUSIVA DE GERENCIA. - Aquella que sólo debe ser conocida por el Gerente de la empresa.

Cuidados con la documentación clasificada

a. Esta documentación debe archivarse en caja fuerte y el área donde está la caja, debe declararse como restringida

b. La clave de la caja fuerte y llaves de acceso al área deben estar sólo en manos de personas autorizadas y toda persona que deambule por estas debe declararse sospechosa

c. En los ficheros de llaves duplicadas no debe haber ejemplares de estas llaves.

d. Las llaves no se pueden prestar ni en forma temporal

e. Esta documentación debe ser rotulada con sello que informe su clasificación

Pérdida de información clasificada

Se pierde por hurto directo o por interceptación, cualquiera de las dos modalidades constituye lo que las leyes comerciales y penales llaman espionaje empresarial.

a. Las modalidades del hurto directo son:

❑ Infiltración

❑ Penetración

❑ Intrusión con o sin distractores

❑ Fotocopiado, fotografiado o memorizado

❑ Robo de originales (es el único en el que la empresa se da cuenta y puede tomar medidas.

b. Las modalidades de la interceptación son:

❑ A teléfonos

❑ A las radiocomunicaciones

❑ Al fax

❑ Al telex

❏ Al sistema de microondas

❏ Al sistema celular y/o satelital

Los vigilantes deben estar atentos a la presencia de personas no autorizadas en las áreas desde donde se pueda hurtar la siguiente información:

a. Planes estratégicos de producción y mercadeo

b. Información contable

c. Bases de datos

d. Adulteración de inventarios

e. Adulteración de contratos

f. Eliminación de facturación por pagar o por cobrar

g. Información que sirva a la competencia o a personas que se la vendan a la competencia

h. Información sobre criterios para un negocio

i. Información para secuestro o extorsión de ejecutivos

j. Transferencia de dineros

k. Información confidencial de clientes

l. Directorios de compradores de productos

m. Información del desarrollo de nuevos productos y sus pasos técnicos

DE RIESGOS A LA VIOLACION DE SECRETOS

A. Al interior de la empresa

➢   Establecer áreas restringidas

➢   Determinar personas autorizadas para suministrar documentos

➢   Prohibir la entrada a las dependencias con armas de fuego o blancas, cámaras fotográficas y grabadoras

➢   Vigilar posibles empleados infiltrados o penetrados

➢   Control a las líneas telefónicas, de fax y telex para constatar interceptaciones

     B.   Al exterior de la empresa

♦ Control de alcantarillas y desagües de posible penetración

♦ Constatar el uso de las edificaciones contiguas a la empresa, evitando la construcción de túneles para llegar a los sitios donde se guarda la documentación

♦ Instalación de falsos retenes de la Fuerza Pública

SEGURIDAD EN EL AREA DE COMPUTADORES

El edificio, salón u oficina donde funciona y opera el Departamento de Sistemas o Sala de Computadores, es un área crítica de alta sensibilidad para los intereses de la empresa.

Por este motivo las medidas de seguridad física deben ser máximas. Para esta área se debe establecer un manual exclusivo de seguridad, el cual debe contener los siguientes puntos mínimos:

♦ Seguridad exterior con alarmas de microondas o detectores de infrarrojos

- Seguridad de cada una de las oficinas
- Seguridad de las paredes, puertas, ventanas, pisos, techos y sótanos
- Sistemas de Abastecimiento de energía principal y alterno
- Aire acondicionado
- Personas con acceso autorizado
- Sistema de control de acceso
- Control de visitantes e invitados
- Clasificación de documentación
- Procedimientos de auditoría o control
- Protección de documentos de valor
- Asignación de códigos de acceso y su control
- Protección de discos y cintas magnéticas
- Destrucción de documentación inservible

El desarrollo de la tecnología de la informática ha dado origen a conductas antijurídicas constitutivas de abuso de los sistemas y a hechos delictivos de variada índole. Estos delitos pueden agruparse en dos grandes grupos a saber:

- ❖ Los que se cometen contra los elementos físicos del sistema, los cuales constituyen infracciones ordinarias ya que para su realización no se requiere de alta tecnología. Se trata de delitos de sustracción o destrucción, de cortes de energía, de ciertas formas de sabotaje y los cuales son de responsabilidad del personal de vigilantes.

❖ Los que se cometen a través de las líneas del sistema, es decir cuando se interfiere en los procesos y se manipulan fraudulentamente los equipos. Esto requiere de alta tecnología y escapa al control del personal de vigilancia, pasando a ser responsabilidad del Jefe de Sistematización de la empresa y reciben el nombre de Delitos Informáticos.

5

MODOS DE OPERAR DELOS DELINCUENTES BANCARIOS

MODUS OPERANDI

Modus: Modo   **Operandi:** Operar

Es el modo en que opera la delincuencia, otra definición es:

Son las técnicas y formas que la delincuencia emplea para realiza los ilícitos.

perfil del delincuente especializado en delitos financieros

- Tiene menos de 35 años, exceptuando a los autores intelectuales, encargados de la planeación

- El 75% son del sexo masculino

- Generalmente son locuaces, ya que así buscan engañar a las personas que quieren distraer. Suelen ser agradables para ganarse la confianza e inclusive halagan a las personas.

- Cuando hacen sus seguimientos y vigilancia se hacen acompañar de damas y menores para aparentar que son su esposa e hijos e inspirar confianza.

- Son cínicos, tranquilos y descarados cuando se "queman".

- No se meten en problemas callejeros, pues evitan tener contacto con las autoridades de policía; las ofensas las cobran con posterioridad, para no quedar mal con los compinches.

- Son hábiles conductores de automóviles y motocicletas a nivel individual y en equipo.

- Manejan las armas con categoría de expertos.

- Evitan las bebidas embriagantes para no cometer errores.

En su accionar, los delincuentes bancarios llevan a cabo sus fechorías mediante los siguientes métodos, utilizando uno solo de ellos o dos o más combinados.

MODALIDADES TECNICAS DELICTIVAS CAUSADAS AL SECTOR FINANCIERO.

CHEQUES CLASIFICADOS:

Integral o parcial, integral en formas continuas y parcial en cheques gemelos.

CHEQUE ALTERADO

Borrado mecánico, recomposición de trazos, interpolación de trazos e injertos y lavado químico.

FALSIFICACION DE FIRMAS Y SELLOS

Imitación servil, calco, imitación libre y desfiguración en firmas. Recomposición manual, falsificación integral en sellos. Borrado.

ESTAFA AHORROS

Apertura de cuentas con documentos falsificados, consignación de cheques hurtados o alterados, solicitud de nuevo talonario a través de suplantación de cuenta-habiente, retiros en línea, falsificación integral de libretas, talonarios extraviados o hurtados, sustracción de talonarios de cuentas canceladas.

ESTAFAS CUENTAS CORRIENTES

Trasferencias cuentas ficticias, apertura de cuentas con documentos falsificados, cobro ilícito de cheques sustraídos de la chequera del cliente antes de ser entregada a este, cheques alterados, cheques gemelos, apropiación de consignaciones, falsificación de firmas y sellos.

ESTAFAS TARJETAS (DEBITO-CREDITO)

Adjudicación o solicitud de tarjetas a través del cuenta-habiente, falsificación parcial de tarjetas y NIPS de cajeros automáticos, consignaciones con comprobantes falsificados, doble paso de la tarjeta del cliente por el Imprinter del comerciante.

FRAUDE INTERNO

Posesión de talonarios de ahorro o chequeras, destrucción de comprobantes de consignación, jineteo de servicios, faltantes en caja, pago de cheques alterados, hurto de documentos en blanco, sustracción y manejo fraudulento de información en el centro de cómputo.

PECULADO

Debería estar dentro del fraude interno, ya que son empleados que participan en ilícitos, por apropiación o por error ajeno.

HURTO SIMPLE

Apropiación de bienes destinados al uso de las oficinas, por descuido, negligencia o carencia de seguridades mínimas.

HURTO CALIFICADO

Atraco con armas de fuego a una entidad bancaria.

ESTAFA GIROS

Compra de giros con otras plazas por parte de estafadores, o por parte de personas honestas o presuntos comerciantes.

DOCUMENTOS FALSIFICADOS Y/O ALTERADOS

Falsificación de declaración de renta, referencias bancarias, extractos bancarios, de documentos de identidad, certificados de depósito a término, timbres de registradoras y autoadhesivos para pagos de impuestos.

FRAUDE INFORMATIVO

Es la modalidad delictiva de mayor incidencia y repercusión para el futuro financiero. A través del computador se realiza: doble contabilidad, consignaciones, réditos, depósitos, alteración de información, transferencia de dinero, supresión o alteración de programas, etc.

FRAUDE EN CAJEROS AUTOMATICOS

Cada cajero automático es una pequeña oficina, los cajeros multiplican la posibilidad de atender a los clientes en forma cercana, permanente, rápida, eficiente y con el mínimo de molestias, pero, así como aparecen los cajeros, también aparecen los delincuentes especializados en delinquir valiéndose de ellos.

Modalidades delictivas en los cajeros automáticos

a)   Cajero Cebado

Es el método más usual en el fraude a Cajeros Automáticos y se hace mediante el empleo de una cinta de casete y el modo de operar es el siguiente:

1°   Una cinta de más o menos ocho pulgadas de longitud.

2° Un letrero que dice: Si su tarjeta es retenida; - presione fuertemente la tecla cancelar --- digite su clave y la tarjeta le será devuelta.

Esta cuestión funciona de la siguiente forma:

El cliente realiza su operación con la tarjeta normalmente. Pero al terminar a la transacción la tarjeta no le es devuelta, porque queda atorada en el lector de tarjeta.

El usuario observa el letrero y sigue las instrucciones. El delincuente que observa, se acerca al cliente y le manifiesta que lo mismo le sucedió a él y que siguiendo las instrucciones del letrero, su tarjeta le fue devuelta; observa al cliente marcar su código y le sugiere marcar CANCELAR, la tarjeta de todas maneras no sale y entonces le sugiere al cliente hablar con el gerente de la entidad. Cuando el cliente se retira, el delincuente hala las puntas de la cinta y sale la tarjeta y como conoce la clave, se retira con ella y hace retiros en otros cajeros cercano para alcanzar a retirar dinero.

b) **Pegante alrededor del borde del dispensador de dinero Funciona de la siguiente manera:**

El delincuente obtiene tarjeta como cualquier cliente. Con ella y eligiendo horas y días apropiados, retira una cantidad mínima de dinero. En el momento en que el dispensador se abre, el delincuente le unta pegante rápido al marco y cuando la tapa se cierre, queda pegada; el delincuente se retira para observar a su víctima. El cliente hace su transacción normalmente, pero el dispensador no entrega dinero, ya que está pegado; el cliente se va y el delincuente espera que varios clientes hagan lo mismo. Luego con la ayuda de una herramienta, abre el dispensador y se lleva el dinero.

c) **Empleo de placas Placa superpuesta**

El delincuente elabora una placa del mismo color y tamaño del dispensador de dinero y la pega sobre el mismo, el cliente como siempre, no reciben su dinero y creen que la maquina no está en servicio y abandonan el lugar. Luego el delincuente retira la placa y recoge el dinero.

d) **Atraco físico**

Las persona son atracadas mediante el empleo de armas y obligadas a retirar su dinero en varios cajeros, ya que además la drogan, reduciendo su capacidad de resistencia.

Reglas de oro para la seguridad en cajeros automáticos

- NO Prestar la tarjeta, revelar la clave personal o autorizar a otras personas, ocasiona problemas en el manejo de la seguridad de su cuenta.

- Observe los alrededores; si encuentra situaciones sospechosas postergue la realización del retiro.

- Antes de introducir la tarjeta verifique que no exista ningún elemento extraño que interfiera su operación.

- Absténgase de solicitar o recibir ayuda de extraños y de ser posible solicítela únicamente a personal autorizado.

- Guarde los recibos que le entrega el cajero automático, para verificarlos posteriormente contra su extracto.

- Ante cualquier inconveniente con su tarjeta, bloquéela inmediatamente con su entidad, no importando el día ni la hora.

El taquillazo

Modalidad delictiva que afecta de manera considerable al sector financiero. Se efectúa por descuido de los cajeros y de los hombres encargados de la seguridad y además por no tener dispositivos de seguridad apropiados que impidan la sustracción o raponazo ligero del dinero depositado en las cajillas.

El Túnel

Excavaciones o perforaciones subterráneas que demandan conocimientos topográficos, arquitectónicos y técnicos de la estructura. Su ejecución es viable siempre y cuando se cuente con información, la cual normalmente es suministrada por funcionario de los servicios públicos.

Penetración a funcionarios

Operación de inteligencia que consiste en aprovechar las debilidades o necesidades que afrontan determinados funcionarios, buscando de ellos su amistad y una vez contactados deben suministrar la información requerida de acuerdo al propósito que se tenga.

De las operaciones delictivas en contra del sector financiero, es esta la que más lo afecta económicamente hablando, ya que los delincuentes actúan de manera segura y precisa.

Ventosa

Método por el cual los delincuentes ingresan a recintos cerrados, utilizando los techos, terrazas o costados para lo cual remueven una parte del tejado o estructura y de esta manera llegan a su objetivo final.

En la mayor ocurrencia de los casos cometidos contra el sector financiero se cuenta con información suministrada por funcionarios, previo análisis de áreas y localización de debilidades.

Desconexión o avería de los sistemas electrónicos de seguridad

A través de sus infiltrados o penetrados los delincuentes obtienen la ubicación exacta de los sistemas electrónicos de alarma; los desactivan mediante desconexión o daño y pueden hacer su ingreso.

Apertura de cajas fuertes

Modalidad que se registra con mayor incidencia en los fines de semana y festivos, dada la circunstancia y equipos utilizados en la comisión del delito y para la cual se usan los siguientes métodos:

Utilización de explosivos plásticos

El explosivo plástico más utilizado es el C - 4, el cual es de alta capacidad de destrucción, bastando tan solo unos cien a doscientos gramos para la apertura de la caja. Se hace explotar por simpatía ya sea por detonador eléctrico o aneléctrico.

Utilización de equipos de acetileno

Equipo de soldadura utilizado por medio de un soplete que, mediante la combustión de oxígeno y carburo, produce altas temperaturas con el objeto de fundir metales de grueso calibre como cajas fuertes y bóvedas.

Asalto violento armado

Modalidad delictiva donde se opera con sevicia. Los delincuentes llevan un propósito no importándoles la forma o los medios para alcanzarlo. Generalmente van drogados, lo que los vuelve más violentos. Someten a las víctimas a violencia física mediante el empleo de las armas.

Por ser después del taquillazo la modalidad delictiva más empleada y por los riesgos que conlleva contra el personal de seguridad profundizaremos sobre el estudio y análisis de este delito, haciendo énfasis en que es el personal de vigilancia el primer blanco sobre el cual se ejerce la acción delictiva, para reducirlo a la impotencia e impedirle accionar las alarmas, para lo cual es muy posible que le ocasionen la muerte.

Para esto consideraremos en el próximo capitulo los tiempos antes, en y después del atraco, con el fin de conocer las actuaciones que se deben efectuar para cada caso. Tema que trataremos en el capítulo a continuación.

La Delincuencia Organizada

La Banda

Son aquellos modos colectivos de comportamiento criminal con especialización y técnica. Se dice que son especializados porque una banda se dedica a cometer un delito final, aunque para llegar a él cometa algunos secundarios y se dice que con técnica, porque en el desarrollo del camino del crimen (iter criminis), sus hombres se entrenan hasta convertirse en verdaderos profesionales de ese delito, además porque, su organización está departamentalizada (división del trabajo), como una verdadera empresa y utilizan los aparatos tecnológicos más desarrollados como beepers, telefonía móvil o celular, radio-frecuencias, lavado de dinero a través de creación de empresas ficticias y una planeación estratégica de la mayor eficacia con acciones de simulación y engaño que envidiarían los más altos estrategas.

La actitud de sus integrantes es deshumanizada y traspasa los límites de cualquier violencia con el fin de lograr sus objetivos. La tecnificación y mayor formación intelectual de los integrantes de la delincuencia organizada hace que su violencia sea más peligrosa, porque reúne la astucia y la inteligencia en un grupo delincuencial que tiene como principio cultural la obtención de dinero fácil.

Cualquier falla de sus hombres es sancionada con el ajusticiamiento en cumplimiento a su código interno. Para determinar la sanción sólo se tienen en cuenta los daños económicos y la posibilidad de que la banda o uno de sus miembros pudiera caer en manos de la justicia debido a un error y **esto se debe** sancionar con la mayor violencia para corregir el mal y para que el jefe conserve su poder.

La banda constituye una organización de delincuencia habitual, o sea que el delito es su forma de vida.

Las bandas son empresas ilegales que manejan los conceptos de oferta y demanda y en esa medida varía la comisión de determinado delito.

Su número de miembros es específico. Sólo ingresan a ella quienes han hecho carrera iniciando por vigilar secuestrados o hacer seguimiento o vigilancia estacionaria o hurtar vehículos con los que se va a cometer el delito final y deben ser recomendados por un miembro antiguo de la banda.

Entre los miembros de la banda opera el principio de la "compartimentación".

Cuentan con personal especializado para las negociaciones, como en los casos de secuestro, extorsión, tráfico de armas, venta de información, etc. y pago de comisiones a infiltrados y agentes de penetración.

TERRORISMO

Psicológico = Escrito telefónico
Político = Selectivo-Dirigente-Ejecutivos-Empresarios
Físico = Sobre el blanco determinado con acción.
Cada una de sus acciones obedece a un planeamiento riguroso.

6

PROCEDIMIENTO SEGURIDAD BANCARIA

"UNO DE LOS TRUCOS DE LA VIDA CONSISTE MAS QUE EN TENER BUENAS CARTAS EN JUGAR BIEN LAS QUE UNO TIENE"

JOSH BILLINGS

DEFINICION

Conjunto de elementos, normas y actuaciones que determinan el accionar de los funcionarios de seguridad para proporcionar tranquilidad confianza y protección a personas, bienes e instalaciones bancarias. Entre ellos están los siguientes:

PROCEDIMIENTO PARA LA APERTURA DE LA ENTIDAD AL INICIAR LABORES

A. Horario de atención al público de Lunes a Viernes de 09:00 a 15 :00 horas. Los Sábados de 11:00 a 16:00 horas.

B. Antes de iniciar el servicio al público, no se permitirá la entrada a personas ajenas a la entidad, aun cuando se trate de miembros de la Fuerza Pública.

C. Si el vigilante estuvo de servicio durante la noche, abrirá y el gerente entrará y pasará revista de todas las dependencias y si no encuentra novedad, autorizará la entrada del resto de funcionarios.

D. Si el vigilante llega con los empleados, se hace la apertura dual (Gerente – Vigilante). SE RETIRA EL SELLO DE SEGURIDAD y el vigilante es el primero que debe ingresar y establecer novedades. Si no las hay, en coordinación con el gerente autorizará la entrada.

E. En ningún caso el vigilante abrirá si alguno de los funcionarios llega acompañado de personas extrañas, aun cuando el funcionario ordene que le abran, pues éste puede estar bajo amenaza.

F. En caso de novedades, dudas o sospechas, el vigilante se comunicará conla autoridad pertinente del sector o accionará el botón de pánico.

G. El área de cajas y bóvedas es restringida, el personal de seguridad no permitirá el acceso a ella.

H. El vigilante deberá recordarle al cajero, no dejar dinero sobre el mostrador, pues la simple presencia del efectivo, invita a cometer delitos.

I. Una vez terminado el horario de servicio al público, sólo el gerente podrá autorizar el acceso de personas a la sucursal.

J. El vigilante será especialmente minucioso y estricto en el momento en que los cajeros entreguen el efectivo a la caja principal y hasta cuando esta sea cerrada.

K. A la hora de almuerzo los empleados salen y entran. A su regreso pueden ser acompañados por asaltantes que los traen amenazados; el vigilante debe estar alerta con cada uno de ellos.

L. Si la sucursal tiene cortinas o persianas en vitrales y ventanas, deberán plegarse o correrse totalmente, de tal manera que el interior sea fácil de observar.

QUE SE DEBE PROTEGER EN UN BANCO

A. Clientes y personal administrativo

B. Valores en dinero, título negociables y joyas

C. Muebles e instalaciones

D. Secretos comerciales y tecnológicos

E. Secreto bancario

F. Documentación

G. Sistematización y redes NET

COMO SE HACE PROTECCION BANCARIA

A.   Forma preventiva

   1. Vigilancia
   2. Análisis de peligros potenciales
   3. Fortalecimiento de seguridad en:
   - Ventanillas de cajas
   - Puertas y ventanas
   - Control de accesos a áreas restringidas
   - Comunicaciones radiales y telefónicas en excelente funcionamiento y cobertura

- Optimizar seguridad electrónica

- Minimizar riesgos

- Fragmentar riesgos

- Creación de conductas y comportamientos de seguridad a todo nivel de los empleados.

- Creación por parte de la casa matriz del banco del Manual de Operaciones de Seguridad, el cual debe ser observado por todas las sucursales.

- Encuestas internas y sociogramas

- Visitas domiciliarias a los empleados

- Capacitación y entrenamiento del personal de seguridad

- Medidas disuasivas

- Establecer pólizas de seguros.

B. Forma represiva

Planear como defenderse durante un asalto, lo cual dependerá de los supuestos que el vigilante haga sobre cómo se presentará la situación y de los medios de seguridad que el banco tenga establecido.

CUALES SON LAS PERSONAS QUE CORREN MAYOR RIESGO EN UN BANCO Y SOBRE LAS CUALES EL PERSONAL DE VIGILANCIA DEBE PRESTAR MAYOR ATENCION.

A. DENTRO DEL BANCO

- Los cajeros y empleados de ventanilla
- Los claveros que manejan las cajas fuertes
- Secretarias de primera línea de atención al público

B. POR FUERA DEL BANCO, PUDIENDO SUFRIR SECUESTRO Y/O RETENCION SOBRE SUS FAMILIARES Y LLEGAR ACOMPAÑADOS BAJO AMENAZA.

- Los gerentes
- Cajeros y claveros
- Los familiares del gerente y empleados de alto nivel
- Los familiares de los principales accionistas de la empresa

DIARIAMENTE EL VIGILANTE DEBE ACORDAR CON ELLOS UNA SEÑAL DE MOVIMIENTO MINIMO COMO "GUIÑO DE OJOS", "MOVIMIENTO DE CEJAS", ETC.

PROCEDIMIENTOS PRACTICOS DE SEGURIDAD

A. Debe haber una sola entrada al banco

B. La entidad debe contar con C.C.T.V., provisto de QUAD (fragmentador de imagen) y filmación.

C. Un vigilante debe estar situado con visibilidad hacia la puerta y área de cajas.

D. Un vigilante debe estar dentro de una garita blindada con abanico de fuego hacia cajas y puerta desde un nivel superior.

E. Los dos vigilantes deben coordinar que sus abanicos de fuego no se crucen.

F. Un vigilante-moto de civil con radio, ubicado donde no cause sospechas, seguirá a los asaltantes en caso de huida, para convertirse en sistema de información.

G. Debe existir un botón de pánico para uso de varios funcionarios, conectado a la policía y con señal luminosa (no sonora), en la fachada del banco para ser vista por el vigilante-moto.

H. Los sistemas electrónicos de alarma deben revisarse con frecuencia para detectar desperfectos causados intencionalmente (sabotaje), y también para constatar su eficacia.

QUE HACER ANTE LA NECESIDAD DEL USO DE LAS ARMAS

A. Determinar abanicos de fuego, teniendo en cuenta la posición de los empleados.

B. Determinar abrigos secuenciales

C. Eliminación de blancos equivocados coordinando con los empleados que deben tirarse al piso en caso de iniciarse el fuego.

D. Las armas deberán usarse exclusivamente en caso de defensa y protección ante hechos reales, inminentes, actuales e injustos.

QUE ASPECTOS DEBEN CONSIDERARSE SOSPECHOSOS

A. Carros, motos o peatones que merodeen con frecuencia la instalación.

B. Vendedores ocasionales o permanentes de cigarrillos y/o golosinas.

C. Minusválidos, especialmente si algún día aparecen con ruanas o ponchos.

D. Personas que entran en grupo con ropa informal.

E. Vehículos estacionados sin apagar el motor

F. Empleados del banco que tratan de introducirse a las áreas restringidas.

G. Empleados que sustraen documentación.

H. Trabajos en alcantarillado y desagües públicos vecinos

I. Determinar el uso que se le está dando a las instalaciones cercanas, para detectar construcción de túneles.

ELEMENTOS UTILIZADOS POR LOS DELINCUENTES PARA EL HURTO FURTIVO.

- ✓ Equipo de corte con acetileno
- ✓ Cizalla de tijera
- ✓ Gato hidráulico
- ✓ Palanca "pata de cabra"
- ✓ Ganzúas
- ✓ Martillos
- ✓ Equipos de comunicación
- ✓ Linternas

COMO SE DETECTAN ESTOS EQUIPOS

- ❑ Termovelocímetro (detectores de calor)
- ❑ Detectores de humo a base de fotoceldas
- ❑ Detectores de microsonido
- ❑ Sensores volumétricos, lineales y de onda.

El conocimiento y reserva del funcionamiento de los equipos y sistemas de seguridad con que cuenta la sucursal, es obligación de todo funcionario.

Mantenimiento de la reserva de toda información que pueda comprometer la seguridad.

No se debe comentar jamás en público las medidas de seguridad que dispone una oficina o lugar de trabajo.

FASES PARA LA EJECUCIÓN DE UN ATRACO:

- PREPARACIÓN-EJECUCIÓN- HUIDA

1.PREPARACIÓN:

Selección de la Entidad de Crédito (sucursal). Esta elección se realiza en base a la capacidad, número, organización, medios (armas, vehículos, caretas, postizos, tintes de pelo, etc.) de que cuentan los atracadores y sus posibles colaboradores (topos, infiltrados, santero, etc.). Es una fase que se realiza tanto por Delincuencia Organizada, como Delincuencia Común.

Vigilancia y Observación de la Entidad y Zona: Intentan obtener información de horarios, días, medidas de seguridad existentes, horarios de menor afluencia de público; días de transportes de fondos y horas. Esta vigilancia se realiza tanto desde el interior como desde el exterior de las Entidades. Entradas y salidas de la persona (desayunos, cafés, visitas comerciales al director, etc.). Se realiza tanto por Bandas Organizadas, como Delincuencia Común.

Planificación del Atraco: Es el momento de recopilar y contrastar la información obtenida, valorando posibilidades de éxito o fracaso. Esta sub-fase es más de Delincuencia Organizada.

Elección del momento propicio para el Atraco: En base a la

información, observaciones, santeo (si los hubiere), datos recopilados, etc., se elige el día y hora del hecho delictivo en base a la máxima de (-RIESGO + BOTIN).

Esta sub-fase es más de Bandas Organizadas.

2. EJECUCIÓN:

Es el momento del asalto a la Entidad, es la situación especialmente tensa y violenta. En este momento los atracadores buscan la seguridad de su integridad física, impedir su identificación, el máximo botín, y rapidez para una fuga sin complicaciones.

Suelen realizar la Ejecución de la siguiente forma:

- Dejar al aguador (persona que avisa) en el exterior, muy posiblemente en un vehículo de apoyo, y que no sea controlado ni identificado, en ocasiones una vez perpetrado el hecho delictivo de les pasa el botín y las armas.

- Actuar con cara cubierta (careta, pelucas, barbas, bigotes, maquillaje, medias, bufandas, pasamontañas, etc.) para evitar su identificación por los testigos y por las CCTV.

- Uno o varios controlan al VS (silo hubiere), y, a la clientela, y personal. Otro/s se introducirán en el recinto de Caja para tomar lo que hubiere (botín). En muchas ocasiones una vez reducidos el personal, clientes, el VS, se le traslada a un habitáculo del edificio, y con el mínimo de personal (director, o cajero/a) esperan la apertura de la Cámara Acorazada, reduciendo a los posibles clientes o empleados que fueran entrando con posterioridad a la Entidad.

-Uno de los principales problemas que puede suceder por la intervención del VS o de dotaciones Policiales que se hayan percatado del hecho delictivo, es la toma de REHENES en el interior del establecimiento. Por ello, la intervención policial debe de realizarse e n el exterior del edificio, en la vía pública. Veremos con posterioridad la actuación del VS mientras los atracadores estén dentro y fura de la Entidad Financiara.

3.HUIDA DEL LUGAR:

Las vías (calles, circunvalaciones, autopistas, etc.) han sido seleccionadas con anterioridad a la ejecución con arreglo al horario y fluidez de tráfico rodado.

Esta huida se puede realizar por cualquier medio (a pie, en automóvil, en metro, en autobús, en taxis, etc.) Cualquier medio de locomoción estudiado en horarios.

Como ya hemos mencionado es lógico que en esta huida se deshagan del botín y de las armas, entregando ello a un colaborador no fichado, y que espera a la salida de los atracadores en lugar o vehículo convenido normalmente con placas dobladas, o sustraídos momentos antes del atraco, o alquilado en una Agencia de Alquileres para que no se pueda notificar su desaparición a las Autoridades.

La actuación de los VS en las Entidades Financieras se realizará normalmente en la Entrada del Edificio en su parte interior, y su misión es el Control, disuasión y vigilancia de la Entidad.

Esta actuación la podemos dividir por ZONAS y HORARIOS.

POR ZONAS: Se prestará especial atención, vigilancia y control, a:

- Patio de Operaciones.
- Oficinas y Despachos de efectivos.
- Cámara Acorazada.
- Centro de Control de Datos.
- Central de Alarmas si las hubiere.
- Cajas Fuertes.
- Aparcamientos, aseos, ascensores, escaleras, accesos, etc.

POR HORARIOS:

En Atención Al Público:

Especial atención a las entradas/salidas del personal de la entidad (¡ojo ¡posibles rehenes el director, el cajero, el interventor, el propio VS, etc., a la entrada en el establecimiento, quedando rehenes en sus domicilios). Conmutar el sistema de seguridad de robo (noche) a día (atraco).

Máxima observación y vigilancia del patio de operaciones, ejerciendo control visual del patio y puerta de acceso; no tener público a las espaldas del VS; evitar proximidad de personas. Impedir y evitar animales; discusiones (pueden ser aparentes); desconfiar de desmayos, lipotimias, ataques cardiacos, etc., (pueden ser fingidos).

Desconfiar de personas que llevan demasiado tiempo rellenado formularios en el Patio de Operaciones (pueden estar esperando el momento del atraco u observando los sistemas de seguridad y horarios).

Evitar personas con maletines, bultos, mochilas, maletas, etc.

Sin atención al público:

Conmutar la alarma de día (atraco) a noche (robo).

Control del personal de Limpieza.

Revisar aseos, escaleras, oficinas, despachos, ascensores, etc. Realizar Ronda de Inspección, siendo la primera la más importante.

BUENOS HABITOS EN PREVENCION

Actitud ante una eventualidad delictiva

- El conocimiento y reserva del funcionamiento de los equipos y sistemas de seguridad con que cuenta la sucursal, es obligación de todo funcionario

- Es necesario asegurarse permanentemente del buen funcionamiento de los equipos y sistemas de seguridad
- Mantenimiento de la reserva de toda información que pueda comprometer la
- seguridad
- No se debe comentar jamás en público las medidas de seguridad que dispone una oficina o lugar de trabajo
- Debida compartimentación de los sistemas de seguridad existentes.
- Uso adecuado de la vigilancia para los propósitos establecidos en la contratación del servicio. Su función debe ser encausada exclusivamente a la seguridad de la sucursal
- Prevea dentro de las instalaciones, sitios para la defensa física en caso de asalto
- Actualizar y asimilar la información sobre el modus operandi de la delincuencia en forma permanente, como una formula del aprendizaje y continuo mejoramiento
- Debe tenerse conciencia del riesgo que implica prestar servicio en una entidad
- financiera, para asumir una permanente actitud preventiva
- "Evite que personas extrañas transiten por áreas de uso restringido o del servicio exclusivo del banco o corporación"
- Detectar los puntos neurálgicos y las horas de mayor peligrosidad, pensando siempre en la forma de prevenir el atraco.

- Determinar los vacíos que pueden existir en seguridad, los cuales pueden ser aprovechados por los delincuentes
- Informar al jefe de seguridad o gerente de la sucursal, las inquietudes, sugerencias y recomendaciones que considere convenientes

ACTITUDES ANTES DEL ATRACO

Debida compartimentación de los sistemas de seguridad existentes.

- Uso adecuado de la vigilancia para los propósitos establecidos en la contratación del servicio. Su función debe ser encausada exclusivamente a la seguridad de la sucursal

- Prevea dentro de las instalaciones, sitios para la defensa física en caso de asalto

- Actualizar y asimilar la información sobre el modus operandi de la delincuencia en forma permanente, como una fórmula del aprendizaje y continuo mejoramiento

- Debe tenerse conciencia del riesgo que implica prestar servicio en una entidad financiera, para asumir una permanente actitud preventiva

- "Evite que personas extrañas transiten por áreas de uso restringido o del servicio exclusivo del banco o corporación"

Detectar los puntos neurálgicos y las horas de mayor peligrosidad, pensando siempre en la forma de prevenir el atraco

- Conocer el funcionamiento de los sistemas y equipos de seguridad

- No comentar en público las medidas de seguridad de que dispone la entidad.

- Revisar periódicamente el estado de las alarmas y sistemas, constatando que funciones perfectamente.

- Ubicar a los hombres de seguridad en lugares y posiciones estratégicas para la defensa.

- Exigir a los hombres de seguridad que se mantengan en una constante actitud preventiva.

- Detectar los puntos, los procedimientos críticos y las horas de mayor peligrosidad, pensando siempre en la forma de prevenir el atraco.

- No distraer al personal de vigilancia asignándole funciones diferentes a la seguridad.

- Determinar vulnerabilidades y corregirlas.

- Presentar al gerente iniciativas que mejoren la seguridad.

En todo atraco, como ya se ha mencionado, se pueden producir

dos situaciones tensas y de máxima violencia, siendo estas:

1.Mientras los Atracadores están en la entidad
2.Despues del Atraco

1. Mientras los atracadores están en la entidad:

- Nunca actuar si existen rehenes en el interior o exterior (familiares de empleados), o grave riesgo para clientes, empleados, o del propio VS.

- No impedir la huida de los atracadores (no ser un héroe-muerto; delincuente que huye puente de plata). Y, nunca disparar por las espaldas.

- Activar la alarma silenciosa conectada con la Central de Alarmas o con las Autoridades (pulsadores de atracos).

- Obedecer las instrucciones de los atracadores (control emocional) a ser posible lentamente.

- Observar los rasgos físicos inmutables de los atracadores para posterior reconocimiento e identificación (cicatrices, tatuaje es, altura, color de ojos, falta de dientes, voz, acentos, tono, peso, complexión, etc.

- Memorizar los pasos y lugares donde hayan estado los atracadores, y si han manipulado o tocado alguna cosa sin guantes.

- No toque nada dentro del área en donde los delincuentes actuaron

- Proteja los lugares donde los delincuentes han colocado sus manos desnudas o huellas evidentes que permitan su identificación

-Si no puede enfrentar al delincuente, dedíquese exclusivamente a observar los delincuentes.

-Trate de memorizar cualquier acento, gesto, cicatriz, rasgo, etc. que pueda servir para una identificación posterior

-Concéntrese en uno de ellos. Fíjese en el más próximo a usted.

-No amenace a un agresor, su instinto de conservación, le dictarár eacciones violentas, llegando desde la toma de rehenes, al homicidio

-Si es desarmado por los delincuentes, no intente ser un héroe, puede ser letal

-Si ha previsto lugares que sirvan de defensa ante un presunto asalto, en el momento del mismo intente llegar a él. Pero cuidado... Nunca ponga en riesgo la integridad de cualquier persona dentro de la entidad, ni la suya propia

-Si identificó alguna debilidad en el delincuente, intente aprovecharla para atacarlo, protegiendo su seguridad personal, ante todo.

Pero recuerde que un atraco crea situaciones tensas, comportamientos irracionales por parte de los empleados, de los clientes, o de los delincuentes y cualquier imprudencia puede agravar la situación

- No intente poner impedimento a los agresores en su huida
- Si las circunstancias lo permiten y se encuentra seguro de poder hacerlo, evite o retrase la huida de los agresores
- Si puede hacerlo sin ningún riesgo, observe la dirección por la que huyeron los delincuentes y los medios utilizados
- Obedezca las órdenes de los agresores, pero no actúe con celo, si le piden que entregue el dinero, no debe precipitarse a entregarlo todo
- "Si le piden que abra un cajón, no es motivo para que abra los demás, donde pueda haber oculto más dinero"

2. actitudes a asumir después del atraco

Inmediatamente después de que se hayan marchado los atracadores, ponga en funcionamiento la alarma, si no lo había podido hacer antes

- Aislé la zona donde los atracadores han actuado y no deje que nadie la invada mientras se determina el alcance de la investigación

- Cerrar la puerta de la Entidad, para no dejar volver al lugar a los atracadores (puede que vehículo policial esté en la Zona sin tener noticias Atraco, y los delincuentes quieran volver para tomar rehenes).

- Mantener la puerta cerrada sin dejar entrar ni salir a nadie, hasta la llegada de las Autoridades

- Salvo casos de asistencias Médicas sanitarias, con identificación plena de las personas de acceso a las personas que lo necesiten.

- Tranquilizar a clientes y empleados.

- Anotar si es posible, lugar por donde huyen, vehículos utilizados (matrícula, color, modelo, marca, etc.).

- Invite a los testigos del hecho a que esperen la llegada de la policía, si no es posible, tome nota de sus nombres y direcciones

- Escriba su propia descripción del atracador o atracadores, tan pronto como sea posible. No se fíe de su memoria demasiado tiempo

- No discuta sobre las características del atracador con sus compañeros de trabajo o con otros testigos

- Llame a sus familiares para asegurarles que se encuentra bien, pero seabreve en la comunicación.

  - No revele ninguna información, mientras no esté autorizado
  - No autorice el ingreso de los medios de comunicación a dependencias   asaltadas, mientras no esté debidamente autorizado
  - Proteja la escena del delito hasta que la autoridad realice su labor técnica
  - Colabore con la elaboración de los retratos hablados de los agresores
  - La entidad afectada comisionará las personas idóneas y encargadas para el seguimiento jurídico del ilícito

TENGA EN CUENTA

- Los delincuentes ingresan a la entidad vestidos como los empleados de un restaurante, especialmente de aquel del cual se traen normalmente los almuerzos, como encargados de mantenimiento y como operarios de los servicios públicos.

- Los delincuentes aprovechan para las ventosas y los túneles, generalmente los fines de semana.

- Los delincuentes ejercen en ocasiones intimidación sobre los empleados de los bancos; secuestro simple y chantaje sobre familiares.

- Los delincuentes valiéndose de masetas, o disparos, rompen los vidrios de las instalaciones.

- Por conducto de los cajeros electrónicos, cuando las divisiones son en vidrio y colindan con las instalaciones del banco, los delincuentes hacen su penetración.

- Para entrar, en algunas ocasiones acreditan ser funcionarios de otras entidades financieras con carnets, falsos.

- El taquillazo es la más frecuente de las modalidades de atraco al sector financiero.

- Aprovechan el factor sorpresa a la hora de entrada y salida de los empleados.

- Un atraco a un banco, siempre tiene un estudio que lo antecede.

- Los delincuentes esperan la hora de salida de los funcionarios, en horas nocturnas, obligándolos a abrir las bóvedas o cajas fuertes y entregar el dinero existente.

- Previo seguimiento los delincuentes vigilan los movimientos de los funcionarios o entidades que aprovisionan los cajeros automáticos, provocando el ilícito de manera sorpresiva.

- Suplantando autoridad los delincuentes aprovechan la hora del cierre, balance o arqueo diario fingiendo atender auxilio de alarma.

- Los delincuentes simulan ser clientes que gozan de simpatía y conocimiento pleno por parte de funcionarios de la sucursal, en momentos de congestión abordan a clientes ingenuos en la fila, argumentándoles trabas y demora en la atención; ganan su simpatía manifestándoles su servicio y colaboración en la transacción a realizar. Para ellos cuentan con un cómplice que observa dicha actuación acercándose con carnet falso que lo acredita como funcionario de la entidad.

- En la fila, pintan con tiza a quien retira buena cantidad de dinero, para que los compinches que están afuera, sepan que sale con el mismo, y lo atraquen fingiendo ser funcionarios del banco y solicitándole la devolución del capital por existir un error por parte del funcionario que lo atendió.

- Empleo de duplicados y llaves maestras para la apertura de instalaciones financieras.

7

IDENTIFICACION

DE PERSONA EN LAS OPERACIONES BANCARIAS

Es un hecho comprobado que en la mayoría de los fraudes que se cometen contra el sistema financiero hay de por medio una falsa identificación, dificultándose por lo tanto el descubrimiento del autor, su captura y sanción. Este factor multiplica año por año las cifras delincuenciales.

Es necesario entonces planear estrategias confiables de tal forma que preventivamente se pueda manejar el problema de la identificación de las personas con métodos eficientes y seguros, tema que se procede a tratar mediante las siguientes consideraciones:

1.-PERSONAS NATURALES Y JURIDICAS

Definición

Son personas naturales los individuos de la especie humana, sean hombres o mujeres.

Las personas naturales se dividen en:

Infante o niño: son los menores de siete años de edad.

Impúber: varón que no ha cumplido catorce años de edad o la mujer que no ha cumplido doce años de edad.

Adolecentes: Menores de dieciocho años.

Mayor de edad: o simplemente mayor son los varones y mujeres mayores de dieciocho años.

Sistemas de identificación

Aplicables a las operaciones bancarias, tenemos las siguientes:

- Identificación documental
- Identificación descriptiva
- Identificación fotográfica
- Identificación dactiloscópica
- Identificación grafológica

Identificación documental

Hace relación a todos y cada uno de los documentos que presenta el cuenta-habiente como: cédula de ciudadanía, declaración de renta, referencias, etc.).

Identificación Biométrica

Es una serie de informaciones que se obtienen bajo parámetros técnicos de las medidas y formas del cuerpo y es utilizada principalmente para acceso a bóvedas y cajillas de seguridad.

Identificación Fotográfica

Medida preventiva que consiste en obtener una fotografía de los clientes del banco en el momento de:

- ➢ la apertura de la cuenta corriente o de ahorros
- ➢ tarjeta de crédito

➢ retirar una suma considerable de dinero

➢ abrir o liquidar un título valor

➢ cobrar de un giro, o un cheque de gran cuantía

Algunas entidades mediante el empleo de cámaras realizan esta operación obteniendo la fotografía del cliente y de los documentos de identificación. Con los avances de la electrónica es posible llevar a cabo este control a través de sistemas de video bien de lectura magnética u óptica.

El recurso es disuasivo y de suceder algún fraude a pesar del control, por lo menos tendríamos la fotografía del delincuente para iniciar cualquier investigación.

Identificación dactiloscópica

Por excelencia es una medida preventiva y disuasiva del fraude en cualquier operación bancaria. La dactiloscopia es aceptada universalmente como el único medio eficaz e incuestionable para identificar las personas.

Cuando se dispone de las impresiones digitales de un cliente en su tarjeta de cuenta corriente o de ahorros, se facilita comprobar la verdadera identidad comparando estas impresiones con la cédula de ciudadanía que han presentado para hacer el retiro o la cancelación de un documento. El tiempo utilizado para comparar una impresión con otra, es corto cuando se ha adquirido práctica. Es decir, en ningún momento causará traumas ni demoras adicionales en el trámite interno de documentos valores; simplemente estos circularán con mayor seguridad.

Casos que puede resolver la dactiloscopia en el momento de la diligencia bancaria.

La dactiloscopia como auxiliar de la criminalística resuelve muchos casos de investigación.

Con base en ella se expiden documentos como la cédula de ciudadanía, certificado judicial, libreta militar, pasaporte y otro documentos importantes. Debido a ello se pueden resolver los siguientes casos:

- La comisión de delitos de estafa con cheques falsificados integralmente
- La apertura de cuentas de ahorro falsas
- La apertura de cuentas corrientes falsas
- La consignación para el cobro de cheques robados en otras entidades bancarias.
- La comisión de delitos con cheques que posean alteraciones por borrados mecánicos o lavados químicos.
- El cobro de cheques procedentes de chequeras robadas
- El retiro de chequeras por personas distintas a sus titulares
- El retiro ilícito de fondos de cuentas de ahorro
- El cobro ilícito de giros
- La identificación de estafadores profesionales

COMO PUEDE OBSERVARSE EL SISTEMA APLICADO CON EFICIENCIA ES EMINENTEMENTE PREVENTIVO PARA TODOS LOS DELITOS QUE CONTRA EL SECTOR BANCARIO SE PUEDAN PRESENTAR.

TARJETA DECADACTILAR DACTILOSCOPICA

Mano Derecha

1 – PULGAR	2 – INDICE	3 – MEDIO	4- ANULAR	5-MEÑIQUE

Mano Izquierda

1 - PULGAR	2 – INDICE	3 – MEDIO	4- ANULAR	5-MEÑIQUE

Identificación Grafológica

En la operación bancaria es una labor permanente por parte del personal que cumple labores de visación. Cuando estudiamos una firma de un cheque o de un comprobante de retiro de ahorros, estamos diagnosticando su autenticidad o falsedad. La importancia está en crear y desarrollar la habilidad mental y el poder de observación necesarios para confrontar dos firmas disminuyendo el riesgo que habitualmente conlleva esa difícil tarea. La visación de firmas en las operaciones bancarias exige de la institución financiera un entrenamiento y una capacitación adecuada del personal. Así mismo buscar la mínima rotación de los visadores, con lo cual se logra una mayor habilidad en el trabajo que ellos realizan.

La firma como medio de identificación

Cuando un cliente libra un cheque, es normal que lleve una cadena de endosos sin que estos obstaculicen su negociabilidad. Al final del proceso, los visadores, solamente comparando la firma del documento contra la del registro, tendrán que tomar una decisión: Pagar o no pagar; cualquiera que sea la decisión que se tome, se asume un riesgo. Conociendo las limitaciones de las informaciones telefónicas, tenemos que aceptar que la firma en las operaciones bancarias es un medio de identificación y por lo tanto es muy importante su conocimiento y análisis.

Qué es una firma desde el punto de vista de identificación

Es el resultado de un movimiento automatizado y constante que contiene las características que cada persona le introduce al producirla ; es una imagen prefijada en el cerebro que conlleva una serie de rasgos individuales que identifican a quien la hizo.

Elementos dinámicos de la firma

La firma es el resultante de lo síquico y lo fisiológico. Cada una considerada individualmente, tiene su propia expresividad, su propia fisonomía. Una firma es idéntica así misma y diferente a las demás, aspecto que se puede comprobar mediante grafismos y mediante análisis microscópico.

Los elementos dinámicos que se identifican en una firma son:

- Energía
- Rapidez
- Dirección
- **Extensión**

Energía: Es la acción muscular, la mayor o menor presión, ejercida sobre el instrumento escritor, y que se visualiza en el papel.

Rapidez: Es la relación del movimiento con el tiempo. Se visualiza en el trazado, en su mayor o menor unión de los componentes de los signos.

Dirección: Es la orientación de la firma ascendente, descendente con respecto a una línea de sustentación.

Extensión: Se caracteriza por la amplitud del desplazamiento gráfico, su proyección y altura.

La firma aunque sea producida por una misma persona, está sujeta a elementos cambiantes, sensibles a influencias síquicas, neuromusculares o externas que producen variaciones mínimas. Por esta razón cuando visamos un documento con una firma de un registro antiguo, de pronto dudamos si es o no auténtica. De ahí la importancia de actualizar los registros de firmas por lo menos cada dos años con el fin de tener patrones de comparación.

Características Generales de una firma auténtica

Lo primero que se debe tener para comparar es una firma auténtica y con ella se coteja la que se va a determinar como verdadera o falsa.

- Ambas firmas deben estar dentro de un mismo nivel escritural y calidad gráfica.
- Los accidentes gráficos (temblores) deben estar presentes en uno y otro campo. Imitar una firma temblorosa, resulta complicado para cualquier imitador.
- La velocidad y espontaneidad del trazado, se deben reflejar gráficamente en forma idéntica.
- Dude cuando una firma sea exacta a la otra, pues una de ellas puede ser un calco.
- El espacio que ocupen debe ser mas o menos idéntico al igual que su morfo-escritura.

- Observe que la firma no tenga paradas en el camino medio de un trazo, retoques correctivos o elementos gráficos que no estén presentes en la tarjeta de control.

Qué es la firma jurídicamente

Es el rasgo grafológico que deja impreso una persona natural y a través del cual expresa, de una manera inequívoca, la intención de adquirir derechos y contraer obligaciones.

La Identificación consiste en una tarjeta fotográfica que posee :

- Número
- Lugar de expedición
- Apellidos
- Nombres
- Lugar y fecha de nacimiento
- Estatura y color
- Señales particulares
- fecha de expedición
- Firma del ciudadano
- Firma del Registrador Nacional o quien haga sus veces.
- Al lado derecho, en la parte superior, el retrato del cedulado, y en la inferior la impresión de su índice derecho.

En cuanto a la numeración, existen dos factores sumamente

importantes y que deben consultarse cuando se tengan dudas. Ellos son:

Factor 1: Comprobar que la numeración del documento exhibido, corresponda al sexo ; esto en razón a que la numeración es diferente para hombres y para mujeres ; estas series numéricas se rigen por el siguiente patrón :

La Identificación masculina está compuesta ejemplo en Colombia: entre el número 1 y el número 20.000.000 y entre el 70.000.001 y el 99.999.999.

La cédula Identificación Femenina femenina Ejemplo en Colombia está comprendida entre el número 20.000.001 y el 69.000.967.

2. PERSONA JURIDICAS O MORALES
Definición

Se llama persona jurídica, una persona ficticia, capaz de ejercer derechos y contraer obligaciones civiles y ser representada judicialmente y extrajudicialmente. El término "ficticia" indica que esta persona carece de cuerpo; es como una simulación de una persona humana.

Cómo se identifica la persona jurídica

La persona jurídica deberá demostrar su existencia legal aportando:

➤ la certificación que le extiende la entidad del estado que le dio el reconocimiento y la autorización para desarrollar el objeto social.

116

➢ Matrícula Mercantil en Cámara de Comercio

➢ Certificado de existencia y representación legal.

8

RECONOCIMIENTO E IDENTIFICACION DE ROSTROS USANDO ANALISIS DE LOS PRINCIPALES COMPONENTES

OBSERVACIÓN Y DESCRIPCIÓN

La observación y Descripción son de los elementos mas importantes de la seguridad.

El saber observar y el saber describir es una habilidad que hay que desarrollar en el individuo ya que generalmente los conceptos son muy diferentes, variando de región, cultura, creencias y modismos. Por tal razón es recomendable tener los conceptos claros sobre las características generales y particulares de cada individuo y estos conceptos al ser unificados nos proporcionaran en forma ajena a criterios subjetivos, una información precisa sin caer en errores.

Ej. Una persona baja y otra un poco mas alta, para unos podría ser ALTA pero no lo es en realidad.

Los rasgos y señales particulares son de vital importancia en la Observación y Descripción de personas porque individualizan al sujeto, tales son las malformaciones de carácter físico como:

- Cicatrices
- Calvicie

- Forma de andar
- Tic nervioso
- Acento
- Peinados
- Forma de vestir
- Joyas
- El portar ciertos elementos.

La descripción de una persona se basa en los siguientes elementos principales:

- SEXO
- RAZA
- ESTATURA
- EDAD
- PESO
- CONTEXTURA

1. NOCIONES SOBRE LOS ELEMENTOS PRINCIPALES PARA LA DESCRIPCION.

a. SEXO:

Es la característica mas importante por que de primera se puede eliminar a una gran cantidad de sospechosos, empero si se utiliza con artimaña podría despistar significativamente al observador. Pero este caso no es frecuente y tan solo se presenta con mas fuerza en los Travestíes.

b. RAZA:

Normalmente se describe a las personas como Blancas, Negras, Indios y Amarillos, pero en ciertos casos se describe por la nacionalidad, como Japoneses, Arabes, Hindúes, Chinos o Europeos y generalmente a todo que hable lengua estraña que se a mono y alto se le llama Gringo.

Además que hoy día la diversidad de razas por las mezclas nos dan otras tonalidades de piel como el Moreno, El Trigueño etc.

c. ESTATURA:

Para Describir la estatura de una persona se requiere de experiencia, Destreza y habilidad, pero hay un método muy practico y es colocar al individuo en elementos planos como puertas, letreros de transito, verjas, muros etc., y saber la altura. La altura de una persona se da con un margen de error de 5 cmts. De diferencia es decir: Ej. Mide entre 1.65 y 1.70 Mts.

d. EDAD:

Cuando no ha sido posible determinar la edad de una persona por el documento, se tiene en cuenta la fisionomía, y se da un margen de error de 5 Años es decir este sujeto debe tener entre 25 y 30 años. En las mujeres es mas difícil que en los hombres por la conservación pero se tiene una idea clara si es joven, madura o vieja.

e. PESO:

Para calcularlo correctamente se debe tener ene cuenta la estatura y la figura de la persona pero existen personas medianas que son difíciles para él calculo, al igual que la estatura se requiere de habilidad pero es fácil en la medida que uno sepa el peso exacto de uno y compare, además de saber el peso de diferente personas (compañeros) y relacionarlo con la persona a la cual se esta describiendo.

Una persona que en promedio mida 1.50 Mts. Debería pesar entre 40 y 60 Kls. Si se ve mas gruesa seguramente pesara más.

f. CONTESTURA:

Se refiere a la característica de primera vista que se tenga de la persona según su tamaño y peso, por tal razón puede ser Normal, Fornido, Gordo o delgado (Flaco)

2. OTRAS CARACTERISTICAS

Entre otras cosas la importancia de las características especiales para la descripción son importantes para la individualización del individuo, por tal razón es vital que la persona que describe capte los elementos especiales que pueden ser: Tipo y color de cabello, así como el peinado, cicatrices, calvos, color de los ojos, señales particulares, tales como pecas, joroba, malformaciones, mutilaciones, forma de caminar, voz, Etc.

3. DESCRIPCION DE PERSONAS.

- DESCRIPCION GENERAL.
- CARACTERISTICAS ESPECIALES
- CARA
- VESTUARIO
- INFORMACION ADICIONAL.

La función primaria de la seguridad es la PREVENCION o sea prepararse con anticipación para evitar que algo suceda. ¿Cómo se logra la PREVENCION? OBSERVANDO.

LA ACCION

OBSERVACION Y DESCRIPCION

En la identificación de personas, la actividad de observar y describir comprende tres procesos esenciales:

ATENCION. -

PERCEPCION. -

INFORME. -

Las técnicas se basan en el requisito de OBSERVAR, que se diferencia de VER. Cuando una persona Observa va escudriñando con su mirada y los trasmite a la memoria, donde se gravan en forma precisa, ya que el ojo y la mente trabajan juntos. La mente y el cerebro son como una máquina de asociación. Cada cosa, cada pensamiento que tenemos es introducido a la mente.

Entonces la OBSERVACION y la PERCEPCION, no son otra cosa que la asociación visual que se logra por medio de la facultad del cerebro de recordar lo que se ve, por eso dijimos, que el ojo y la mente trabajan juntos. Eso es lo que debemos utilizar la vista y la mente, para cumplir con esta función de Observar, para luego describir e informar lo que vimos.

Percepción

Función de los sentidos

La exactitud de la observación depende de los sentidos que se utilicen al efectuar una observación en particular. Algunos sentidos son más confiables que otros.

Visión.

La percepción de un objeto físico a través de la vista generalmente no implica un análisis detallado de la forma y el color del objeto. Frecuentemente se observan solamente unas pocas caracteristicas y se completa el cuadro con las imágenes guardadas en la memoria de observaciones pasadas. El sentido de la visión, aunque no tan objetivo como el de la audición, se considera el más exacto.

Audición-

La audición es el sentido más objetivo. La observación de un sonido muchas veces no es claro y subjetivo. Es dificil calcular la distancia de la fuente si el origen del sonido es desconocido. La dirección del sonido es algo que por lo general el observados no puede determinar cien por ciento. Al percibir y reportar un sonido el observador inconcientemente compara el sonido con una serie de memorias de sonidos que ha oido e intenta coordinarlos mentalmente.

Generalmente, una persona no escucha todos los sonidos que componen una frase hablada.

Los sonidos que se escuchan se comparan inconscientemente con fotos sonoras que el testigo ya posee, o si no, lo que es más complicado, forma visiones que corresponden a dichos sonidos. El que está escuchando no registra largas series de sonidos sino que reconstruye lo hablado de fragmentos separados de sonido y llena el resto con la ayuda de su poder de combinación. Por lo tanto, al repetir una conversación desde el principio, la reconstruye de esta forma, y el reporte final, por lógico que sea es inexacto.

Tacto.

En la mayoría de las personas el tacto está muy poco desarrollado y se debe considerar como medio limitado de percepción. El tacto es engañador si no se le ayuda con el sentido visual. Por lo tanto, la exactitud de una observación hecha a oscuras y el tacto es muy cuestionable. Sin embargo, en una persona invidente el sentido del tacto puede estar altamente desarrollado.

Olfato.

El sentido del olfato es poco confiable. Es posible experimentar la sensación de olfato sin la presencia de ningún olor. La sugestión frecuentemente ejerce una gran influencia sobre la atención y la percepción de un olor.

Gusto.

El gusto también es un sentido poco confiable. El gusto es individual, y la sensación objetiva del gusto se reemplaza fácilmente por el concepto del observador respecto a que gusto experimenta.

Elementos De La Observación

El proceso de la observación ocurre en el siguiente orden: Atanción, Percepción y Reporte. Estos procesos sicológicos ocurren tan rápidos que parecen simultáneos.

Atención.

ada persona es un pequeño universo. Fuera de su respectivo universo hay muchos estímulos y energías. Cada una de estas energías busca atraer la atención del individuo. El más fuerte momentáneamente acapara la atención del individuo. La atención es el proceso sicológico de ser traído a la presencia de un hecho. Podemos llegar a la presencia de un hecho a través de cualquiera o todos los sentidos.

Percepción.

Después de que la atención del individuo este centrada sobre un hecho externo, su mente funciona aún más y reconoce el hecho. Si un individuo escucha un sonido y lo reconoce, este reconocimiento es percepción. Si un individuo ve algo y comprende lo que está viendo, eso también es percepción. Percepción, es por lo tanto, la habilidad de comprender un hecho al que se ha puesto atención.

Reporte.

El tercer elemento de la observación es el reporte. Después de que nos han llamado la atención hacía un hecho y lo hayamos comprendido, subconcientemente identificamos el hecho. Reporte, es por lo tanto, identificar y darle nombre a un hecho al que se le ha puesto atención.

Análisis De La Atención

La atención se clasifica de tres maneras: Involuntaria, Voluntaria y Habitual. Cada una de estas está sujeta a varios factores que ejercen influencia sobre ella.

Involuntaria.

Nuestros sentidos nos concientizan de un hecho sin ningún esfuerzo o control consciente de parte nuestra.

Voluntaria.

Requiere un esfuerzo y control consciente de los sentidos, para lograr que el individuo entre y se mantenga en la presencia del hecho.

Habitual.

Requiere poco esfuerzo debido a que hay una ávido interés o una disciplina mental superior, Ejercitada durante un largo período de tiempo, y se ha desarrollado la habilidad del individuo para concentrarse en alto grado sobre cualquier actividad o tema. La atención habitual generalmente se desarrolla al máximo en un tipo estudioso cuyo interés en el tema sobrepasa las distracciones e inclusive las condiciones orgánicas, que normalmente van en detrimento de la atención. Esta atención se encuentra presente cuando un individuo está muy interesado en los hechos en los cuales ha fijado su atención.

Factores Que Influyen

Tamaño

Cuando el tamaño del objeto hacia el cual se ha fijado la atención es lo suficientemente grande o pequeño para lograr su inmediata identificación.

Cambio.

Cualquier cambio sobre los estímulos que operan en un individuo afectarán su atención apenas ocurra el cambio.

Interés

El interés del observador en el hecho hacia el cual se ha fijado su atención le suministrará al investigador una indicación del alcance de la atención del individuo al hecho y a los hechos coincidentes.

Condición Orgánica

La condición orgánica de un individuo, tanto en general y con referencia al sentido particular que se utiliza para una observación, debe evaluarse al determinar la exactitud de la observación.

Sugestión

Este factor, de gran importancia en el proceso de percepción, también influye sobre la atención, llagando a lograr que nuestra percepción cambie.

Repetición

La repetición de una frase o de una acción ejercerá más atracción hacia la atención que una sola frase o una sola acción.

Poder de Impacto

Algo que por su apariencia llama demasiado la atención.

Reporte

Vocabulario

El vocabulario que posee cada individuo afecta el reporte en cuanto

A su claridad, consistencia y descripción. Para una persona con mucha facilidad de expresión y capacidad de síntesis, este factor sera muy fácil de combatir.

Tiempo que Haya Transcurrido

El reporte puede sufrir distorsiones si se deja transcurrir mucho tiempo antes de ser elaborado. Inclusive, la memoria puede fallar y la veracidad de éste se ve afectada.

Repetición de Incidentes Similares

Una persona que constantemente se ve expuesta a un incidente similar, puede caer en una confusión de detalles y el reporte puede ser difícil de elaborar.

La Observación

La observación es una completa conciencia del individuo acerca de lo que lo rodea, y la cual se obtiene a través de la máxima utilización de los sentidos. La observación le permite recordar y reconocer cualquier objeto o situación, claramente.

La percepción es una habilidad innata; depende de nuestra experiencia y entrenamiento en relación con el medio ambiente.

FACTORES DE LA PERCEPCIÓN

1. Capacidad mental

La capacidad mental de cada individuo debe de ser tenida en cuenta. Una persona puede fijar su atención en algo y está es satisfactoria; sin embargo, la percepción puede no existir. De tal forma, la observación realizada es incompleta.

2. Antecedentes Educacionales

La percepción puede o no darse, de acuerdo con la educación primaria, secundaria o superior que haya recibido un individuo.

3. Antecedentes Empíricos

Cada individuo puede percibir ciertos hechos más o menos fácilmente, de acuerdo con lo que ha vivido. Son hechos que se han aprendido por sí solos, teniendo una exposición de ellos, no porque se haya ido a un sitio a estudiarlos.

4. Antecedentes Ocupacionales

Cada individuo posee cierta habilidad y domina un tema de acuerdo con su oficio, ya sea pasado o presente.

Una observación exacta requiere de esfuerzo mental para reconocer, analizar y relatar las partes que componen nuestro medio ambiente e interpretar los patrones y vínculos presentes. Sin embargo, sólo percibimos o comprendemos aquello que nos interesa o que se pueda comprender con un mínimo de esfuerzo. Las técnicas de observación y descripción se adquieren solamente con un esfuerzo mental continuo. La comprensión de las técnicas de la observación, así como un conocimiento de los factores sicológicos que afectan la observación son muy importantes para el estudiante de contravigilancia.

Para lograr observaciones exactas el estudiante debe:

- Efectuar prácticas continuas para observar y comprender a las personas, las situaciones, los objetos y/o incidentes que suceden en su presencia.

- Reemplazar la observación casual

- Entrenarse para aprender a estimar lo más exactamente posible el paso del tiempo, velocidad de objetos que se mueven, direcciones y distancias-

- Estar familiarizado con los colores

- Ser capaz de visualizar aquello que ocurre en su presencia.

" A Final De La Materia Se Efectua Un Ejercicio Práctico Para Mayor Comprensión" .

La principal técnica de observación es enfocar la vista y la atención hacia una persona en forma específica, hasta llegar al detalle, siguiendo un orden. Al observar a una persona, se debe empezar por la cabeza y el orden será el siguiente:

- La forma y el tamaño del cráneo
- La forma, color y corte del cabello
- La forma y amplitud de la frente

- La forma y color de las cejas
- La forma, ángulo, tamaño y color de los ojos
- La forma y tamaño de la nariz
- La forma y tamaño de la boca
- Los dientes y el mentón.

Cabeza – Cara

1.- forma:

1.1. Cuadrada, ancha, redonda, delgada, larga, ovalada.

2.- Cabello:

2.1 Forma:

2.1.2. Calvicie frontal

2.1.2. Calvicie frontal y occipital

2.1.3. Calvicie total en la parte superior de la cabeza

2.1.4. Nacimiento del cabello detrás de las sienes

2.1.5. Entrantes profundas con patillas

2.2. Color:

2.2.1. Negro

2.2.2. Castaño

2.2.3. Gris

2.2.4. Entrecano blanco

2.2.5. Rubio

2.2.6. Rojo

2.3. Estilo

2.3.1. Largo

2.3.2. Corto

2.3.3. Escaso

2.3.4. Abundante

2.3.5. Lacio

2.3.6. Rizado

2.3.7. Ondulado

Frente

3.1 Forma

3.1.1. Entrante. Sí es muy inclinada con relación a la línea vertical

3.1.2. Ligeramente entrante. Si es inclinada un poco

3.1.3. Vertical. Si coincide con la línea vertical

3.1.4. Prominente. Si es recta, pero rechazando la línea vertical

3.1.5. Abombada. Si es curva y rebasa la línea vertical

3.2. Ancho

3.2.1. Angosta

3.2.2. Media

3.2.3. Ancha

3.3. Cejas

3.3.1. Forma

3.3.1.1. Arqueadas

3.3.1.2. Rectas

3.3.1.3. Oblicuas

3.3.1.4. Inclinadas hacia arriba o hacia abajo

3.3.2. Largo

3.3.2.1. Cortas

3.3.2.2. Largas

3.3.2.3. Casi unidas

3.3.3. Ancho

3.3.3.1. Finas

3.3.3.2. Gruesas

3.3.3.3. Depiladas

3.3.3.4. Delineadas con lápiz

3.3.3.5. Espesas

3.3.3.6. Ralas

3.3.3.7. Escasas

3.3.4. Color

3.3.4.1. Rubias

3.3.4.2. Rojas

3.3.4.3. Negras

3.3.4.4. Grises

3.3.4.5. Blancas

3.3.4.6. Cafés

OJOS

4.1. Tamaño

4.1.1. Pequeños

4.1.2. Grandes

4.2. Color

4.2.1. Azul

4.2.2. Gris

4.2.3. Castaño

4.2.4. Amarillos

4.2.5. Café claro

4.2.6. Café oscuro

4.2.7. Verdes

4.3. Peculiaridades

4.3.1. Profundos

4.3.2. Superficiales

4.3.3. Hundidos

4.3.4. Protuberantes

4.3.5. Pestañas largas

4.3.6. Pestañas cortas

4.3.7. Uso de lentes

4.3.8. Parpadea constantemente.

La construcción de retratos hablados tiene como objetivo la identificación de personas basada en las características del rostro, si no se tiene un sistema computarizado, esta identificación puede ser muy laboriosa y tardada. Como complemento del sistema constructor de rostros se ha desarrollado un módulo para el reconocimiento de rostros que nos permite obtener las características principales y posteriormente obtener la identificación de los rostros más similares que se encuentren en una base de datos criminalista.

Actualmente encontramos en el mercado internacional diversos sistemas comerciales para la creación de retratos hablados, así como para su identificación en una escena o en una base de datos. Estos sistemas son muy costosos y tienen la gran desventaja de que están desarrollados para grupos étnicos que no contienen las características de la morfología facial de la población mexicana.

El uso que inicialmente se le dio a este acervo fue la elaboración de retratos hablados por medio de superposición de imágenes con el programa Adobe Photoshop, una solución viable, pero que consideramos no es lo más adecuado.

Debido a lo anterior se ha desarrollado un sistema de cómputo que permite la construcción de retratos hablados y su posible identificación dentro de un conjunto de fotografías.

Ya que nuestro objetivo es obtener los rostros más similares a alguno en cuestión, tenemos que considerar un método para la representación de los objetos, en este caso; rostros, y el mecanismo para la recuperación basada en contenido.

1. ESTRUCTURA DEL SISTEMA

El sistema básicamente está constituido de dos subsistemas: el constructor de retratos hablados y el subsistema de búsqueda por similaridad

1.1. Constructor de retratos hablados.

Esta herramienta es en esencia un editor gráfico especializado en utilizar los elementos de rostros de "La cara del mexicano" para realizar imágenes compuestas de rostros y obtener un retrato hablado.

La inclusión de los elementos del rostro se hace mediante un control que permite seleccionar rápidamente las imágenes deseadas, en este control se encuentran todas las imágenes que se pueden incluir en el retrato y se encuentran organizadas en las siguientes categorías: Constructor de Retratos Hablados -Búsqueda por Similaridad Base de Datos Imágenes.

Retratos hablados

Cara.

Orejas.

Tipo de calvicie o cabellera. Pilosidad facial: bigotes y barbas. Cejas.

Ojos.

Nariz.

Boca o labios.

Arrugas y líneas faciales.

Acné, verrugas, lunares, pecas y cicatrices. Papadas.

Torso masculino.

Barbilla partida u hoyo en el mentón. Accesorios: lentes, sombreros, aretes.

También se encuentran clasificadas por género (masculino o femenino). En la figura 2 se muestra

una imagen de este tipo. Figura 2 Imagen de "La cara del mexicano"

Las imágenes al ser cargadas se colocan en la posición correcta de acuerdo al rostro, esto resuelve una problemática que se presenta en el método manual, que consiste en tener que seleccionar las partes de la cara en un orden establecido.

Asimismo, se pueden mover y ajustar en su tamaño y aspecto según se requiera, los cambios se pueden hacer por cada imagen o formando grupos y estas acciones pueden deshacerse si se cometen errores o se estaba probando algún cambio. En la figura 3 se muestra una secuencia de construcción de un retrato hablado.

El sistema incluye algunas características de edición avanzada, las imágenes se sobreponen usando un mezclado suave, el tono de la imagen se puede cambiar para **retratos** con piel clara y oscura, también se pueden hacer ligeras anotaciones y recortes en las imágenes para ajustarlas a la cara.

El sistema permite al usuario visualizar en pequeños recuadros todas las imágenes de una misma categoría, así el usuario y la persona que está describiendo el retrato pueden elegir el elemento del rostro que le sea más adecuado.

Algo importante a destacar es la capacidad de funcionamiento en dos monitores, esto hace posible que el usuario tenga a su disposición todos Figura 3 Secuencia de construcción del retrato hablado los controles de edición en su monitor, mientras la persona que está describiendo el retrato puede ver en el segundo monitor el retrato a pantalla completa.

Los retratos creados pueden exportarse a los formatos JPEG y BMP para su utilización en otras aplicaciones, esta exportación permite hacer cambios en la compresión, calidad y el tamaño de las imágenes.

Búsqueda por similaridad

Mucho del trabajo en el reconocimiento de rostros en computadora [1,2,4,8] se ha enfocado a la detección de características individuales tales como los ojos, nariz, boca y forma de la cabeza; y la definición de un modelo del rostro por la posición, tamaño y relaciones entre estas características. Este enfoque es un tanto complejo y para algunas aplicaciones no es lo adecuado.

Algunos otros trabajos tienen un reconocimiento automático de rostros caracterizando un rostro por un conjunto de parámetros geométricos y ejecutando el reconocimiento de patrones basado en estos parámetros. En la actualidad existen una gran diversidad de tendencias.

El enfoque usado en este proyecto considera la representación de la imagen extrayendo "características" [5,6,7,9], estas características pueden estar o no estar relacionadas a nuestra noción intuitiva de características del rostro tales como ojos, nariz, boca y pelo.

En el lenguaje de la teoría de la información, se desea extraer la información relevante en una imagen, codificarla tanto como sea posible y comparar un rostro codificado en un conjunto de modelos codificados de manera similar. Una tendencia simple para extraer la información contenida en una imagen de un rostro es capturar la variación en una colección de imágenes, independientemente de cualquier juicio de características y usar esta información para codificar y comparar rostros individuales.

En términos matemáticos, se desea encontrar los principales componentes de la distribución de rostros, o los eigenvectores de la matriz de covarianza del conjunto de imágenes, tratando una imagen como un punto (o vector) en un espacio de muy alta dimensión. Los eigenvectores son ordenados, cada uno contando para una diferente cantidad de la variación entre imágenes de los rostros.

Estos eigenvectores pueden ser pensados como un conjunto de características que juntos caracterizan la variación entre las imágenes. Cada imagen contribuye más o menos a cada eigenvector, de modo que se puede desplegar el eigenvector como un grupo de caras fantasmales a las cuales se les llaman eigenrostros.

Cada rostro individual puede ser representado exactamente en términos de una combinación lineal de los eigenrostros. Cada rostro puede ser también aproximado usando únicamente las "mejores" eigenrostros, aquellos que tienen los más grandes eigenvalores y por lo tanto cuenta con la mayor varianza dentro del conjunto de imágenes. Los mejores M eigenrostros expande un subespacio de M-dimensiones de todas las posibles imágenes.

REPRESENTACIONES DE ROSTROS USANDO EL ANÁLISIS DE PRINCIPALES COMPONENTES (PCA)

Un rostro es una imagen que puede ser vista como un vector. Si el ancho y la altura de la imagen son w y h pixeles respectivamente, el número de componentes de este vector será w*h. Cada pixel está codificado por un componente del vector. La construcción de este vector desde una imagen es hecha por una simple concatenación, las filas de la imagen son localizadas una tras otra.

El vector del rostro pertenece a un espacio, le llamamos el espacio de imagen, y es donde se encuentran todas las imágenes cuya dimensión es w*h pixeles. El espacio completo de la imagen no es un espacio óptimo para la descripción del rostro.

La idea es construir un espacio del rostro que describa mejor los rostros. Los vectores básicos de este espacio del rostro son llamados "principales componentes".

La dimensión del espacio de imagen es w*h. Por supuesto, no todos los pixeles del rostro son relevantes y cada píxel depende de sus vecinos.

De modo que la dimensión del espacio del rostro es menor que la dimensión del espacio de la imagen.

El objetivo del método Análisis de los Principales Componentes (PCA) es reducir la dimensión de un conjunto o espacio de modo que la nueva base describa mejor los "modelos" típicos del conjunto.

Este método involucra las siguientes operaciones iniciales:

1.-Adquirir un conjunto inicial de imágenes (el conjunto de entrenamiento).

2.- Calcular los eigenrostros del conjunto de entrenamiento, manteniendo únicamente las M imágenes que correspondan a los más altos eigenvalores. Estas M imágenes definen el espacio del rostro. Cuando nuevos rostros son agregados, los eigenrostros deben ser actualizados o recalculados.

3.- Calcular la distribución correspondiente en el espacio de pesos de M dimensiones para un individuo conocido, esto es, proyectando su rostro en el espacio de rostros.

Cálculo de los eigenrostros

La matriz C, sin embargo es 2 por N2 y determinar los N2 eigenvectores y eigenvalores es una tarea intratable para tamaños típicos de imágenes. Se requiere un método computacional eficiente para encontrar estos eigenvectores, el cual se describe a continuación:

Si el número de puntos de dato en el espacio imagen es menor que la dimensión del espacio (M < N2) habrá únicamente M-1, en lugar de N2 eigenvectores.

Considere los eigenvectores i de AT A tal que AT Ai=μii Multiplicando ambos lados por A, tenemos A ATAi=μiAi Donde podemos ver que Ai son los eigenvectores de C = AAT. Siguiendo este análisis, construimos la matriz L = ATA de tamaño M*M, donde Lmm=mTm y encuentra los M eigenvectores L de L. Estos vectores determinan combinaciones lineales del conjunto de entrenamiento para formar los eigenrostros) para l=1 hasta M.

PROCESO DE IDENTIFICACIÓN

Una vez que los eigenrostros han sido calculados, el espacio del rostro ha sido poblado con rostros conocidos. Usualmente estos rostros son tomados del conjunto de entrenamiento. Cada rostro conocido es transformado al espacio del rostro y sus componentes almacenados en memoria.

En este punto el proceso de identificación puede iniciar. Este proceso es ostrado en la Figura 4. Un rostro desconocido es presentado al sistema. El rostro es identificado como el rostro más cercano en el espacio del rostro. Existen varios métodos para calcular la distancia entre vectores multidimensionales. En este proyecto, una forma de la distancia Euclidiana es usada.

RESULTADOS

La construcción de retratos hablados con el método manual es lenta y poco práctica, por lo tanto nuestro desarrollo hace más eficiente este proceso.

Adicionalmente el proceso de búsqueda junto con el proceso de construcción de un retrato hablado es de gran utilidad para las autoridades encargadas del combate a la criminalidad.

Consideramos que las implicaciones y el impacto social del sistema aquí expuesto son muy importantes, ya que es una necesidad urgente de optimizar los medios para el combate de la delincuencia en nuestro estado y en el país.

SISTEMA DE RETRATOS HABLADOS ASISTIDO POR COMPUTADORA Y SU INTEGRACIÓN A UNA BASE DE DATOS CRIMINALISTA

La elaboración de retratos hablados en las dependencias gubernamentales encargadas de la procuración de la justicia se hace tradicionalmente a mano. Un dibujante escucha la descripción que hace un testigo o persona sobre otra persona que se desea identificar.

Este proceso implica una interacción entre el dibujante y el descriptor para ir formando la imagen de la persona a identificar, pero la mayoría de las veces ni la persona que hace la descripción tiene la imagen exacta del sujeto que se está describiendo.

El sistema descrito en este documento permitirá la creación de retratos hablados de los delincuentes de una manera eficiente y sencilla, así como su integración a una base de datos criminalista, para su búsqueda y su posible identificación.

Antecedentes

Actualmente encontramos en el mercado internacional diversos sistemas comerciales para la creación de retratos hablados, así como para su identificación en una escena o en una base de datos. Estos sistemas son muy costosos y tienen la gran desventaja de que están desarrollados para grupos étnicos que no contienen las características de la morfología facial de la población mexicana.

El producto final fue un acervo de imágenes con los rasgos más representativos de los rostros de los mexicanos El uso que inicialmente se le dio a este acervo fue la elaboración de retratos hablados por medio de superposición de imágenes con el programa Adobe Photoshop, una solución viable, pero que consideramos no es lo más adecuado. Nuestro objetivo es coadyuvar en la procuración de la justicia con un sistema de cómputo que permita la construcción e identificación de retratos hablados de los delincuentes y la integración de este sistema a una base de datos criminalista.

Estructura del Sistema

A continuación, se describen cada uno de los componentes del sistema y en la estructura se muestra un diagrama a bloques.

a) El acervo Caramex

El primero de los aspectos a considerar es el acervo de imágenes digitalizadas producido por el proyecto "La cara del mexicano", tal acervo se encuentra en un sistema de archivos. Para una mejor búsqueda y clasificación de las imágenes, se ha utilizado una base de datos orientada a objetos para su almacenamiento y recuperación más eficiente de las imágenes.

b) Constructor de retratos hablados.

Ésta herramienta permite la realización de retratos hablados usando los métodos comunes de teclado y ratón o a través de una interfaz de reconocimiento de voz.

El trabajo que realiza consiste en combinar las imágenes de las distintas categorías del acervo "La cara del mexicano" para producir un retrato hablado. El usuario puede elegir las distintas partes del rostro en cualquier orden, la aplicación se encargará de sobreponer las imágenes en el orden adecuado, el cual se muestra a continuación:

1. Cara.

2. Orejas.

3. Tipo de calvicie o cabellera.

4. Pilosidad facial: bigotes y barbas.

5. Cejas.

6. Ojos.

7. Nariz.

8. Boca o labios.

9. Arrugas y líneas faciales.

10. Acné, verrugas, lunares, pecas y cicatrices.

11. Papadas.

12. Torus masculino.

13. Barbilla partida u hoyo en el mentón.

14. Accesorios: lentes, sombreros, aretes.

Esto resuelve una problemática que se presenta en el método manual, que consiste en tener que seleccionar las partes de la cara en un orden establecido. En la Figura 2 se muestra una secuencia de la construcción de un retrato.

La aplicación cuenta además con controles para cambiar la posición de las partes y la escala de presentación, así como transparencia e intensidad luminosa (brillo), que permiten hacer ajustes para obtener una imagen de mayor calidad. Adicionalmente nos permite visualizar en dos monitores, en uno de ellos la aplicación y en el otro el retrato.

c) **Interfaces de reconocimiento de voz.**

Para que la interacción con el sistema se agilice, se está utilizando la tecnología de reconocimiento de voz. Esto nos permite construir el retrato hablado a partir de comandos de voz expresados por quien describe a la persona que se desea identificar, por lo tanto el sistema reacciona inmediatamente a los comandos para permitir la interacción con el usuario.

d) Base de datos multimedia.

El sistema incluye una base de datos multimedia [1,4,8,12] que almacena las imágenes fuente y los retratos hablados construidos, también se incluyen los métodos de búsqueda por similaridad [3,5], esto facilita la identificación de las personas en las bases de datos criminalistas y en los propios retratos hablados construidos con anterioridad. Ésta base de datos se ha construido sobre un manejador de base de datos orientado a objetos, [9], y se pueden soportar las siguientes clases:

Sujeto. Que contiene atributos descriptivos de la persona, ligada a una fotografía digitalizada (si existe) del sujeto con antecedentes penales, recluso o prófugo.

Imagen. Fotografía digitalizada de un individuo.

Retrato Hablado. Producto del constructor de retratos hablados, contiene atributos que describen el porqué se le busca, y en caso de que se haya identificado a alguna persona de la clase sujeto, se relacionará con ese objeto.

Sonido. Para guardar declaraciones u otros archivos de voz.

Texto. Declaraciones y otros documentos escritos.

e) Poblador de la base de datos.

Módulo encargado de agregar a la base de datos multimedia los nuevos retratos hablados construidos, imágenes, texto o sonido. Se encarga también de actualizar las relaciones entre los objetos y de actualizar los índices de búsqueda cuando se agregan nuevos objetos.

f) Interfaz de búsqueda visual.

Este módulo nos permite efectuar las búsquedas por similaridad y explorar la base de datos en busca de algún individuo [2,3,5,6,10,11]. Este módulo se ha construido en base a la Tecnología del Análisis de Principales Componentes (PCA). En términos matemáticos, se encuentran los principales componentes de la distribución de los rostros, o los eigenvectores de la matriz de covarianza del conjunto de imágenes, tratando una imagen como un punto en un espacio de múltiple dimensión. Estos eigenvectores son considerados como un conjunto de características que juntos caracterizan la variación entre las imágenes.

Lo anterior nos permite efectuar la búsqueda y recuperar las fotografías más similares al retrato hablado. En la Figura 3 se considera una imagen a buscar y en la Figura 4 se tienen en la parte superior el conjunto de imágenes a utilizarse como muestra y en la parte inferior se tiene el conjunto ordenado en base a los más similares.

9

CIBERSEGURIDAD BANCARIA

Bajo un constante ataque contra el sector financiero supera al volumen promedio de ataques contra otras industrias en una proporción de tres a uno. Además, la sofisticación y la persistencia de los ataques siguen planteando desafíos a los profesionales de la seguridad. [2]

Websense: Es una compañía de defensa estadounidense, especializada en software de seguridad informática. Esta empresa genera informes sobre las vulnerabilidades según el tipo de empresa, exponiendo así, cuales son los ataques más frecuentes.

Tipos de amenaza:

Existen infinidad de modos de clasificar un ataque y cada ataque puede recibir más de una clasificación. Por ejemplo, un caso de phishing puede llegar a robar la contraseña de un usuario de una red social y con ella realizar una suplantación de la identidad para un posterior acoso, o el robo de la contraseña puede usarse simplemente para cambiar la foto del perfil y dejarlo todo en una broma sin que deje de ser delito en ambos casos, al menos en países con legislación para el caso, Amenazas por el origen.

El hecho de conectar una red a un entorno externo nos da la posibilidad de que algún atacante pueda entrar en ella y hurtar información o alterar el funcionamiento de la red. Sin embargo, el hecho de que la red no esté conectada a un entorno externo, como Internet, no nos garantiza la seguridad de la misma.

Aproximadamente entre el **60%** y **80%** de los incidentes en la red son causados desde adentro de la misma. Basado en el origen del ataque podemos decir que existen dos tipos de amenazas:

1-Amenazas internas: generalmente estas amenazas pueden ser más serias que las externas, por varias razones como:

a-Si es por usuarios o personal técnico, conocen la red y saben cómo es su funcionamiento, ubicación de la información, datos de interés, etc. Además, tienen algún nivel de acceso a la red por las mismas necesidades de su trabajo, lo que les permite mínimos movimientos.

b-Los sistemas de prevención de intrusos o IPS, y firewalls son mecanismos no efectivos en amenazas internas por no estar, habitualmente, orientados al tráfico interno. Que el ataque sea interno no tiene que ser exclusivamente por personas ajenas a la red, podría ser por vulnerabilidades que permiten acceder a la red directamente: rosetas accesibles, redes inalámbricas desprotegidas, equipos sin vigilancia, etc.

2-Amenazas externas: Son aquellas amenazas que se originan fuera de la red. Al no tener información certera de la red, un atacante tiene que realizar ciertos pasos para poder conocer qué es lo que hay en ella y buscar la manera de atacarla. La ventaja que se tiene en este caso es que el administrador de la red puede prevenir una buena parte de los ataques externos. Amenazas por el efecto

El tipo de amenazas según el efecto que causan a quien recibe los ataques podría clasificarse en:

a-Robo de información.

b-Destrucción de información.

c-Anulación del funcionamiento de los sistemas o efectos que tiendan a ello.

d-Suplantación de la identidad, publicidad de datos personales o confidenciales, cambio de información, venta de datos personales, etc.

e-Robo de dinero, estafas, Amenazas por el medio utilizado

Se pueden clasificar por el modus operandi del atacante, si bien el efecto puede ser distinto para un mismo tipo de ataque:

1-Virus informático: malware que tiene por objeto alterar el normal funcionamiento de la computadora, sin el permiso o el conocimiento del usuario. Los virus, habitualmente, reemplazan archivos ejecutables por otros infectados con el código de este. Los virus pueden destruir, de manera intencionada, los datos almacenados en una computadora, aunque también existen otros más inofensivos, que solo se caracterizan por ser molestos.

los ataques informáticos más usuales entre los años 2014 al 2017 son los siguientes:

1) Ataques por repetición: ocurre cuando un pirata informático copia una secuencia de mensajes entre dos usuarios y envía tal secuencia a uno o más usuarios. A menos que esto sea minimizado, el sistema atacado procesa este comportamiento como mensajes legítimos y producen respuestas como pedidos redundantes.

2) Ataques de modificación de bits: se basan en las respuestas predecibles de las estaciones receptoras. El pirata modifica bits de un mensaje para enviar un mensaje cifrado erróneo a la estación receptora, y éste se puede comparar entonces contra la respuesta predecible para obtener la clave a través de múltiples repeticiones.

3) Ataques de denegación de servicio (DOS, Denial of Service): consiste en colapsar total o parcialmente a un servidor para que éste no pueda dar respuesta a los comandos no para sacar de él información En la red internet, esto puede lograrse saturando un solo servidor con múltiples solicitudes desde múltiples ordenadores. Como el servidor es incapaz de responder a todas las solicitudes, colapsa. En las redes inalámbricas, esto se logra también provocando ruido: se coloca un teléfono a 2,4 GHz cerca del punto de acceso e iniciar una llamada. La energía de radiofrecuencia provocada es suficiente para bloquear de manera efectiva gran parte del tráfico de datos en el punto de acceso.

4) Ataques de diccionario: en ciertos modelos de autenticación de datos, para ingresar al sistema la contraseña se mantiene en secreto, mientras que el nombre de usuario es enviado en forma de texto simple y es fácilmente interceptable. En este caso, el pirata informático obtiene distintos nombres de usuarios y con ellos, desde un ordenador, empieza a adivinar las contraseñas con base en palabras de diccionarios en distintos idiomas. Este ataque es exitoso en gran medida porque muchos usuarios utilizan contraseñas poco creativas.

LA AMENAZA DEL FUTURO: LOS CYBERTERRORISTAS ANALYQUETIONS

Si en un momento el objetivo de los ataques fue cambiar las plataformas tecnológicas ahora las tendencias cibercriminales indican que la nueva modalidad es manipular los certificados que contienen la información digital. El área semántica, era reservada para los humanos, se convirtió ahora en el núcleo de los ataques debido a la evolución de la Web 2.0, 2.5 y las redes sociales, factores que llevaron al nacimiento de la generación 3.0, 3.5, 4.0, 4.5

Se puede afirmar que "la Web 3.0 otorga contenidos y significados de manera tal que pueden ser comprendidos por las computadoras, las cuales por medio de técnicas de inteligencia artificial son capaces de emular y mejorar la obtención de conocimiento, hasta el momento reservada a las personas".

Es decir, se trata de dotar de significado a las páginas Web, y de ahí el nombre de Web semántica o Sociedad del Conocimiento, como evolución de la ya pasada Sociedad de la Información

En este sentido, las amenazas informáticas que viene en el futuro ya no son con la inclusión de troyanos en los sistemas o softwares espías, sino con el hecho de que los ataques se han profesionalizado y manipulan el significado del contenido virtual.

La Web 4.0, basada en conceptos como elaborar, compartir y significar, está representando un desafío para los hackers que ya no utilizan las plataformas convencionales de ataque, sino que optan por modificar los significados del contenido digital, provocando así la confusión lógica del usuario y permitiendo de este modo la intrusión en los sistemas, La amenaza ya no solicita la clave de homebanking del desprevenido usuario, sino que directamente modifica el balance de la cuenta, asustando al internauta y, a partir de allí, sí efectuar el robo del capital.

Obtención de perfiles de los usuarios por medios, en un principio, lícitos, Luego de seguimiento de las búsquedas realizadas, históricos de navegación, seguimiento con geoposicionamiento de los móviles, análisis de las imágenes digitales subidas a Internet.

INTELIGENCIA ARTIFICIAL: LA AMENAZA DEL FUTURO

La inteligencia artificial, es la llevada a cabo por máquinas. En ciencias de la computación, una máquina inteligente ideal es un agente flexible que percibe su entorno y lleva a cabo acciones que maximicen sus posibilidades de éxito en algún objetivo o tarea.

Hace tiempo abandonó el espectro de la ciencia ficción para colarse en nuestras vidas y, aunque todavía en una fase muy inicial, está llamada a protagonizar una revolución equiparable a la que generó el Internet; La Inteligencia Artificial (IA) es la combinación de algoritmos planteados con el propósito de crear máquinas que presenten las mismas capacidades que el ser humano. Una tecnología que todavía nos resulta lejana y misteriosa, pero que desde hace unos años está presente en nuestro día a día a todas horas.

TIPOS DE INTELIGENCIA ARTIFICIAL

Los expertos en ciencias de la computación, diferencian varios tipos de inteligencia artificial:

1-Sistemas que piensan como humanos: automatizan actividades como la toma de decisiones, la resolución de problemas y el aprendizaje. Un ejemplo son las redes neuronales artificiales.

2-Sistemas que actúan como humanos: se trata de computadoras que realizan tareas de forma similar a como lo hacen las personas. Es el caso de los robots.

3-Sistemas que piensan racionalmente: intentan emular el pensamiento lógico racional de los humanos, es decir, se investiga cómo lograr que las máquinas puedan percibir, razonar y actuar en consecuencia. Los sistemas expertos se engloban en este grupo.

4-Sistemas que actúan racionalmente: idealmente, son aquellos que tratan de imitar de manera racional el comportamiento humano, como los agentes inteligentes.

APLICACIONES PRÁCTICAS DE LA INTELIGENCIA ARTIFICIAL

La Inteligencia Artificial se presente en la detección facial de los móviles, es el caso de las asistentes virtuales de voz como: Siri de Apple, Alexa de Amazon o Cortana de Microsoft y está integrada en nuestros dispositivos cotidianos a través de bots que es la abreviatura de robots o aplicaciones para móvil, tales como:

Lyle Enlace externo: un personal shopper en versión digital.

Parla Enlace externo: concebida para ayudarnos con el aprendizaje de idiomas.

Ems Enlace externo: diseñada para hacernos un poco más llevadera la ardua tarea de encontrar nuevo piso.

Gyant Enlace externo: una asistente virtual de Facebook que emite diagnósticos' médicos.

El objetivo de todas ellas; hacer más fácil la vida de las personas.

Medidas de Accidentes y Desastres

Eventualidades tan cotidianas como la simple rotura de una cañería, la pérdida de fluido eléctrico o la rotura de equipos o mecanismos de comunicaciones pueden tener efectos claramente negativos sobre los sistemas de información. Debe incluso contemplarse la posibilidad de aparición de eventos más graves, como incendios, atentados terroristas, inundaciones causadas por la Consecuencias falta seguridad informática.

Existe un gran abanico de medidas de seguridad que pueden reducir el riesgo de pérdidas debidas a la aparición de incidentes   en los sistemas informáticos. Muchas veces al hablar de medidas de seguridad, solo se mencionan las meramente técnicas, como cortafuegos, antivirus o sistemas de copias de respaldo. Sin embargo, las medidas más efectivas suelen ser las medidas de gestión planteadas a medio y largo plazo desde un punto de vista estratégico y táctico.

A continuación mencionaremos brevemente las medidas y sistemas de seguridad más frecuentes agrupándolas bajo dos aspectos. Medidas de gestión y medidas técnicas. Las primeras deben ser implantadas por los gestores de las organizaciones como parte de los planes estratégicos y tácticos, mientras que las segundas se corresponden con herramientas y sistemas técnicos diseñados para evitar, controlar o recuperar los daños que pueden sufrir los sistemas por la aparición de determinadas amenazas de seguridad.

Gestión del riesgo

La protección de los sistemas y de la información no suele eliminar completamente la posibilidad de que estos bienes sufran daños. En consecuencia se debe hacer uso los gestores deben implantar aquellas medidas de seguridad que lleven los riesgos hasta niveles aceptables, contando para ello con el coste de las medidas a implantar, con el valor de los bienes a proteger y con la cuantificación de las pérdidas que podrían derivarse de la aparición de determinado incidente de seguridad.

Los costes versus beneficios en la seguridad deberían son incalculables y deben observarse cuidadosamente para asegurar que el coste de las medidas de seguridad no exceda los beneficios potenciales. La seguridad debe ser apropiada y proporcionada al valor de los sistemas, al grado de dependencia de la organización a sus servicios y a la probabilidad y dimensión de los daños potenciales. Los requerimientos de seguridad variarán, por tanto, dependiendo de cada organización y de cada sistema en particular.

La seguridad informática exige habilidad para gestionar los riesgos de forma adecuada. Invirtiendo en medidas de seguridad, las personas naturales y las organizaciones pueden reducir la frecuencia y la severidad de las pérdidas relacionadas con violaciones de la seguridad en sus sistemas. Por ejemplo muy común que se presenta: Es el robo de las tarjetas de crédito personales cuando se hace una compra y el ciberdelincuente logra ubicar la IP (Internet protocolo de donde se realizó la transacción o a su vez otro puede ser el de una empresa puede estimar que está sufriendo pérdidas continuas debido a la manipulación fraudulenta de sus sistemas informáticos de inventariado, de contabilidad o de facturación. En este caso puede que ciertas medidas que mejoren los controles de acceso reduzcan las pérdidas de forma significativa.

Los sistemas informáticos se hacen hoy en día altamente vulnerables a multitud de amenazas que pueden ocasionar daños que resulten en pérdidas significativas. Los daños pueden variar desde simples errores en el uso de aplicaciones de gestión que comprometan la integridad de los datos, hasta catástrofes que inutilicen la totalidad de los sistemas. Las pérdidas pueden aparecer por la actividad de intrusos externos a la organización, por accesos fraudulentos, por accesos no autorizados, por el uso erróneo de los sistemas por parte de empleados propios, o por la aparición de eventualidades en general destructivas.

Quienes implantan medidas adecuadas de seguridad, pueden obtener un conjunto de beneficios indirectos que también deberían considerarse. Por ejemplo: Una persona puede hacer transacciones seguras por medio de sowafare que detectan bloqueos o seguimientos maliciosos o una organización que cuente con sistemas de seguridad avanzados, puede desviar la atención de potenciales intrusos hacia víctimas menos protegidas, puede reducir la frecuencia de aparición de virus, puede generar una mejor percepción de los empleados y otros colaboradores hacia la propia empresa, aumentando la productividad y generando empatía de los empleados hacia los objetivos organizativos. En muchos casos los costos asociados a las medidas de seguridad pueden exceder a los beneficios esperados por su implantación, en cuyo caso una correcta gestión llevaría a platearse su adopción frente a la posibilidad de simplemente tolerar el problema.

No obstante, los beneficios que pueden obtenerse con medidas de seguridad presentan costos tanto directos como indirectos. Los costos directos suelen ser sumamente sencillos de evaluar, incluyendo la compra, instalación y administración de las medidas de seguridad. Por su parte pueden observarse costes indirectos, como decremento en el rendimiento de los sistemas, pueden aparecer necesidades formativas nuevas para la plantilla o incluso determinadas medidas, como un excesivo celo en los controles, pueden minar la moral de los empleados y llegar atentar contra su privacidad; de tal suerte que se le podrían estar vulnerando sus derechos universales.

Riesgos

1.Riesgos de seguridad de la información

Lamentablemente se maneja por lo general un modelo reactivo al momento de presentarse un incidente que afectara su estabilidad tecnológica lo cual generaba diversos medidas una , y estos incidentes al no ser contemplados con anrrioridad, alcanzaban un alto impacto en la continuidad del manejo de la información cibernetica. El principal problema es que no se maneja una base de datos de conocimiento que permitiera reconocer patrones de errores en la organización y generar alertas tempranas que permitan identificarlos oportunamente, para así crear indicadores de seguimiento en su resolución.

2.Protección de capas y gestión de riesgos en La tecnología de la información (TI)

Se debe tener en cuenta la aplicación de ordenadores y equipos de telecomunicación para almacenar, recuperar, transmitir y manipular datos.

Al verse la información de esta índole impactadas de manera económica, optaron por la creación de equipos de trabajo especializados que se encargaran de este tipo de riesgos, principalmente en las empresas. Estos equipos de trabajo fueron denominados gerencias de continuidad del negocio o gerencias de manejo de riesgos de TI, en las cuales su principal objetivo es prevenir mediante herramientas que generen datos cuantificables, valores estadísticos y valores históricos, los posibles riesgos tanto a nivel físico o tecnológico inherentes a la propia naturaleza del negocio.

3. Modelo de probabilidad en la gestión de riesgos en La tecnología de la información (TI)

El manejo de seguridad particularmente en las empresas se debe gestionar tanto física como procedimentalmente a un nivel que permita identificar que no hay riesgos aislados y que estos son generados por una cadena de incidentes indeseables que desde el punto de vista externo pueden parecer no relacionados, pero analizándolos en detalle se pueden identificar patrones de ataques y dado el caso a que se encuentren asociados a incidentes o riesgos mayores no detectados.

4. El no conocimiento de el método de análisis de riesgos de en La tecnología de la información (TI)

Quienes no manejen y aprendan de una base de datos de conocimiento de riesgos e incidentes tecnológicos en forma propia y/o ajena, incurre en responsabilidades por omisión, debido a que no está midiendo el riesgo en el impacto tecnológico y económico que implica interactuar en un mercado globalizado en donde cada vez más se exigen estándares de seguridad para poder hacer parte de un sector de mercado específico.

5.Falta de gestión de incidentes de seguridad de en La tecnología de la información (TI)

El ciclo de manejo de los incidentes está basado en el modelo PHVA El ciclo PHVA de mejora continua es una herramienta de gestión presentada en los años 50 por el estadístico estadounidense Edward Deming ;el cual inicia con una identificación de los incidentes por parte de las Pymes, estos eventos deben ser analizados y documentados a partir de una adecuada detección y control preventivo de las causas que lo han generado, y finaliza con la medición y seguimiento a todo este ciclo del manejo del incidente, enfocándose en los eventos iniciales y en la manera que fueron solucionados.

6.Amenazas informáticas

Se deben contar con la suficiente experiencia y modus operandi de los delitos cibernéticos para identificar los diferentes tipos de riesgos tecnológicos por los cuales se puede vulnerar su continuidad en el negocio, estos tipos de riesgos pueden ser clasificados como amenazas internas y externas a la empresa. Teniéndose en cuenta conceptos y retos en la atención de incidentes Los crímenes y delitos informáticos están teniendo un gran auge debido al incremento exponencial de transacciones en la web, implicando transferencias bancarias y manejo de información de alta criticidad tanto para las empresas como para los usuarios finales.

Lógica maliciosa

Entre estas amenazas encontramos los virus, los gusanos, los caballos de Troya y las bombas lógicas. Aun existiendo diferencias técnicas entre ellas, el nexo común a todas estas amenazas consiste en que se trata de software creado en general para causar daño. Los costes asociados a su aparición pueden ser significativos y varían en función de la virulencia de sus acciones. Pueden suponer simplemente pérdidas debidas a la dedicación de personal y recursos a su eliminación o pérdidas mucho mayores si resultan afectados, corrompidos o destruidos sistemas críticos para la organización.

Medidas Técnicas

Existen innumerables herramientas y sistemas de seguridad orientadas a preservar la integridad, confidencialidad y disponibilidad de información y sistemas. La oferta es imnumerableen ,toda persona u organización organización debería dedicar un esfuerzo significativo a su estudio y selección **Amenazas a la privacidad de las personas**

La acumulación de enormes cantidades de datos de carácter personal por entidades públicas y privadas, unida a la capacidad de los sistemas informáticos para combinar y procesar las informaciones vienen generando claras amenazas a la privacidad de los individuos. La constatación de estas amenazas por parte de la mayoría de países ha llevado a la elaboración de leyes y normas que limitan el tratamiento de los datos de carácter personal.

Estas amenazas no sólo afectan a los individuos, sino también a toda organización que manipule información sensible de personas. De no observarse la legislación vigente y en caso de no implantar las medidas adecuadas para su cumplimiento, se pueden derivar pérdidas, tanto económicas por las correspondientes multas, como de imagen corporativa.

I.   HACKING ÉTICO
Definición

El hacking ético: Es en sí una auditoría efectuada por profesionales de seguridad de la información, quienes reciben el nombre de *"pentester"*. A la actividad que realizan se le conoce como "**hacking ético**" o "pruebas de penetración".

Las pruebas de penetración surgieron como respuesta a la presencia y realización de los primeros ataques informáticos a las organizaciones, los cuales trajeron graves consecuencias, como pérdidas monetarias y de reputación. Es aquí donde interviene el trabajo de un "**hacker ético**", ya que su labor es buscar vulnerabilidades en los sistemas de la organización para, posteriormente, poder mitigarlos y evitar fugas de información sensible.

El hacking ético ha ido constituido una necesidad apremiente particularmente en el área financiera yde igual manera a medida que las empresas crecen y la dependencia tecnológica es mayor, se empieza hacer más común este término y escuchar de esta práctica es una realidad, se hace necesaria intentar poner freno a los ataques constantes por cibercriminales. El hacking ético se ha ido tomando su lugar en la seguridad general de las organizaciones.

Con el crecimiento en los últimos años de los servicios tecnológicos crecen y las transacciones o compras online están en constante aumento, es notable que las personas cada vez más utilizan estos servicios que ofrecen los bancos para facilitar el tiempo que se puede invertir en este tipo de tareas, pero esto trae consigo una tendencia de aumento de incidentes de seguridad, así como aumento en ataques de phishing contra entidades bancarias, y así como se va mejorando cada día la seguridad en estas entidades, también mejoran la forma de atacar con herramientas sofisticadas y en mayor cantidad, queriendo siempre vulnerar la seguridad quebrantando contra la los pilares de la seguridad: confidencialidad, integridad y disponibilidad de la información. Existen varios mecanismos de engaño para que un programa de este tipo logre llegar a una red bancaria, todo viaja a través del internet facilitando.

Este tipo de ataques cibernéticos se producen de la forma más sutil, abriendo un correo de publicidad llamativa como ganarse una beca o un viaje, que haya un anuncio de un programa gratuito, hasta un link en una red social puede llegar a ocasionar un hueco de seguridad en una red organizacional. El hacking ético tiene como función verificar los niveles de seguridad actuales en el momento que se hace el análisis, se intenta descubrir **vulnerabilidades** y así mismo corregirlas antes de que un malhechor llegue a ellas y pueda explotarlas de manera perjudicial para la organización.

Para que sirve el hacking ético

- Evaluar el estado de seguridad de un sistema o infraestructura tecnológica.

- Explorar las vulnerabilidades encontradas sin perjudicar la red ni los activos de la organización.

- Analizar los resultados obtenidos.

- Reportar a las partes interesadas.

- Dar las mejores recomendaciones para mitigar el riesgo de las vulnerabilidades que se encuentren.

ATAQUES DE SEGURIDAD

El uso de internet va de aumento, en aumento, no solo desde sino dispositivos portátiles, de escritorio o móviles que acceden a estos servicios de red. La seguridad informática se ha vuelto tan critica que las naciones, organizaciones, y agremiaciones se han creado leyes, estatutos y normas para este tipo de de riesgos que por consiguiente se ha convertido en el mayor reto para los profesionales de la seguridad.

El Incremento de nuevos virus, troyanos, ATAQUES DE

SEGURIDAD

El uso de internet va en aumento no solo desde pc sino dispositivos móviles que acceden a estos servicios de red. La seguridad informática se ha vuelto la mayor preocupación para los profesionales de la seguridad.

El Incremento de nuevos virus, troyanos, malwares, cada vez es más fácil crear este tipo de programas y en muchas ocasiones sin conocimientos técnicos previos, basta con utilizar una herramienta buscada en internet y generarlos sin que se pueda controlar, para luego ser mandados a la red, según PandaLabs el 70% de los troyanos analizados tienen como objetivo principal obtener los datos bancarios de las víctimas. Pero es un dato menor cuando todo cambia en un par de horas. Cada segundo se está creando un nuevo troyano, Algunos de estos virus son creados solo por diversión pero en casos más profundos se encuentra toda una economía de mercado criminal en la cual el costo beneficio para el hacker puede resultar tentador y beneficioso, aunque en muchas ocasiones también se hace por reto propio de poner a prueba los conocimientos y lograr vulnerar en sector financiero y robar las bases de datos con datos de números de tarjetas de crédito, nombre familiares, celular y demás datos sensibles que resulten graves no solo para la entidad financiera la cual debe garantizar que estos datos no sean vulnerados por personas inescrupulosas, sino para los clientes que pueden ser víctimas de robos o Cobros sin justificación. Esto es solo el inicio del impacto que puede generar un ataque con éxito. Se debe intentar ir un paso adelante cerrando las brechas de seguridad al máximo., cada vez es más fácil crear este tipo de programas y en muchas ocasiones sin conocimientos técnicos previos, basta con utilizar una herramienta buscada en internet y generarlos sin que se pueda controlar, para luego ser mandados a la red, según PandaLabs el 70% de los troyanos analizados tienen como objetivo principal obtener los datos bancarios de las víctimas. Pero es un dato menor cuando todo cambia en un par de horas. Cada segundo se está creando un nuevo troyano, Algunos de estos virus son creados solo por diversión pero en casos más profundos se encuentra toda una economía de mercado criminal en la cual el costo beneficio para el hacker puede resultar tentador y beneficioso, aunque en muchas ocasiones también se hace por reto propio de poner a prueba los conocimientos y lograr vulnerar en sector financiero y robar las bases de datos con datos de números de tarjetas de crédito, nombre familiares, celular y demás datos sensibles que resulten graves no solo para la entidad financiera la cual debe garantizar que estos datos no sean vulnerados por personas inescrupulosas, sino para los clientes que pueden ser víctimas de robos o Cobros sin justificación. Esto es solo el inicio del impacto que puede generar un ataque con éxito. Se debe intentar ir un paso adelante cerrando las brechas de seguridad al máximo.

APRENDA A BLINDARSE CONTRA LOS "HACHER"

En épocas de interceptaciones y robos de información, espionaje de perfiles sociales en internet y otros delitos cometidos por los mal llamados *hackers* (término que realmente describe a alguien experto en sistemas informáticos, no a un delincuente), la gente se pregunta por la efectividad de la seguridad digital y sobre cómo es posible protegerse.

Según la empresa Symantec, creadora entre otras del antivirus Norton, el año pasado seis millones de colombianos tuvieron algún incidente de seguridad informática. La multinacional, en su informe anual de ciberseguridad, reveló que el año pasado se recibieron casi 5.000 denuncias y casos en las autoridades por delitos informáticos, de los cuales, el 62 por ciento afectaron a personas naturales.

El uso de internet va en aumento no solo desde pc sino dispositivos móviles que acceden a estos servicios de red. La seguridad informática se ha vuelto la mayor   preocupación para los profesionales de la seguridad.

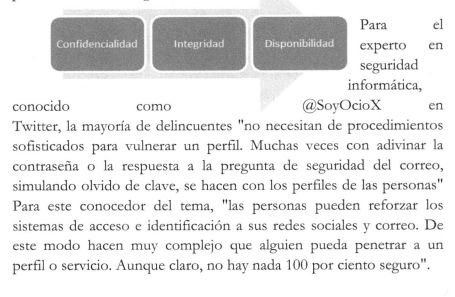

Para el experto en seguridad informática, conocido   como   @SoyOcioX   en Twitter, la mayoría de delincuentes "no necesitan de procedimientos sofisticados para vulnerar un perfil. Muchas veces con adivinar la contraseña o la respuesta a la pregunta de seguridad del correo, simulando olvido de clave, se hacen con los perfiles de las personas" Para este conocedor del tema, "las personas pueden reforzar los sistemas de acceso e identificación a sus redes sociales y correo. De este modo hacen muy complejo que alguien pueda penetrar a un perfil o servicio. Aunque claro, no hay nada 100 por ciento seguro".

Elementos de seguridad

Figura 1- Elementos principales de seguridad que pueden ser vulnerados

170

Fuente: Elaboración propia

Confidencialidad: Evitar que la información pueda ser conocida o leída por personas no autorizadas.

1) **Disponibilidad:** Garantizar que la información y/o los componentes del sistema se encuentran accesibles en el momento en que una persona, proceso o aplicación los requiera.

2) **Integridad:** garantizar que la información no sea modificada.

CLASES DE HACKERS

Existen más de 17 tipos de hacker, pero nos referiremos a 3 en específico:

1. **Hackers white hat (**O de sombrero blanco)

Son aquellos que se basan en la ética. Desarrollan su trabajo fortaleciendo y protegiendo los sistemas informáticos de sus clientes, ocupando así puestos importantes en las empresas de seguridad informática. Hacen auditorias informáticas (Es un proceso que consiste en recopilar, agrupar y evaluar evidencias que permiten determinar si el sistema informático utilizado por una empresa mantiene la integridad de los datos, y cumple con los protocolos).

Hacen un uso eficiente de los recursos, cumple con las normativas y leyes establecidas que regulan la materia. En los sistemas para así protegerlos del ataque de otros hackers. Son esenciales para que las grandes empresas dispongan de una red sólida.

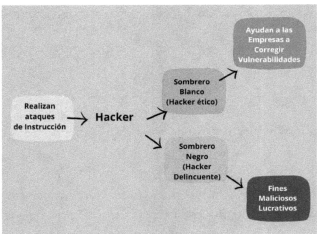

2. **Hackers black hat** (O de sombrero negro son aquellos que usan sus conocimientos para hacer el mal).

Estos son los verdaderos ciberdelincuentes En la inmensa mayoría de casos, lucrarse). Detectan fallas en los sistemas de seguridad informáticos para así romperlos y acceder a zonas restringidas donde pueden obtener información secreta. De este modo, clonan tarjetas de crédito, suplantan identidades, extraen información para chantajear.

3. **Hackers red hat** (**O** de sombrero rojo son aquellos que podrían entenderse como los Robin Hood del mundo de los hackers).

Son aquellos que actúan contra los hackers de sombrero negro con el objetivo de derribar su infraestructura, pirateando los sistemas de estos hackers negros, deteniendo los ataques que estos realizan.

Confidencialidad: Evitar que la información pueda ser conocida o leída por personas no autorizadas.

3) **Disponibilidad:** Garantizar que la información y/o los componentes del sistema se encuentran accesibles en el momento en que una persona, proceso o aplicación los requiera.

4) **Integridad**: garantizar que la información no sea modificada.

A diferencia de un hacker de **sombrero blanco**, el hacker de **sombrero negro** se aprovecha de las vulnerabilidades con el objetivo de destruir o robar información.

Política de seguridad: Documento sencillo que define las directrices organizativas en materia de seguridad, esto implica que una Política de seguridad se implementa mediante una serie de mecanismos de seguridad que constituyen las herramientas para la protección del sistema. Estos mecanismos normalmente se apoyan en normativas que cubren áreas más específicas y lo Demostraremos Esquemáticamente:

POLITICA DE SEGURIDAD----- NORMATIVAS------ IMPLANTACION----MECANISMOS DE SEGURIDAD

Los mecanismos de seguridad se dividen en tres grupos:

1-Prevención: Evitan desviaciones respecto a la política de seguridad, por Ejemplo: utilizar el cifrado en la transmisión de la información evita que un posible atacante capture y entienda información en un sistema de red.

2-Detección: Detectan las desviaciones si se producen, violaciones o intentos de violación de la seguridad del sistema, por Ejemplo: la herramienta **Snort** para la detección de intrusiones de red.

3-Recuperación: Se aplican cuando se ha detectado una violación de la seguridad del sistema para recuperar su normal funcionamiento, por Ejemplo: las copias de seguridad.

Dentro de este grupo de mecanismos hay un subgrupo llamado mecanismos de análisis forense cuyo objetivo es, no solo devolver el sistema a su situación normal, sino averiguar también el alcance de la violación, lo que ha hecho el intruso en el sistema y qué puerta ha utilizado para entrar en el sistema. De esta forma se previenen posibles ataques posteriores.

De estos tres grupos de mecanismos es importante enfocarnos en los de prevención y detección. Siempre será mucho menos lesivo y comprometedor para el sistema informático evitar un ataque o detectar un intento de violación que no aplicar medidas de recuperación por muy buenas y seguras que sean.

Política de seguridad: Documento sencillo que define las directrices organizativas en materia de seguridad, esto implica que una Política de seguridad se implementa mediante una serie de mecanismos de seguridad que constituyen las herramientas para la protección del sistema. Estos mecanismos normalmente se apoyan en normativas que cubren áreas más específicas y lo Demostraremos Esquemáticamente:

POLITICA DE SEGURIDAD----- NORMATIVAS------IMPLANTACION----MECANISMOS DE SEGURIDAD

Los mecanismos de seguridad se dividen en tres grupos:

1-Prevención: Evitan desviaciones respecto a la política de seguridad, por Ejemplo: utilizar el cifrado en la transmisión de la información evita que un posible atacante capture y entienda información en un sistema de red.

2-Detección: Detectan las desviaciones si se producen, violaciones o intentos de violación de la seguridad del sistema, por Ejemplo: la herramienta **Snort** para la detección de intrusiones de red.

3-Recuperación: Se aplican cuando se ha detectado una violación de la seguridad del sistema para recuperar su normal funcionamiento, por Ejemplo: las copias de seguridad.

Dentro de este grupo de mecanismos hay un subgrupo llamado mecanismos de análisis forense cuyo objetivo es, no solo devolver el sistema a su situación normal, sino averiguar también el alcance de la violación, lo que ha hecho el intruso en el sistema y qué puerta ha utilizado para entrar en el sistema. De esta forma se previenen posibles ataques posteriores.

De estos tres grupos de mecanismos es importante enfocarnos en los de prevención y detección. Siempre será mucho menos lesivo y comprometedor para el sistema informático evitar un ataque o detectar un intento de violación que no aplicar medidas de recuperación por muy buenas y seguras que sean.

Mecanismos de prevención:

Mecanismos de identificación y autenticación:

En estos sistemas se permiten identificar de forma única, algunas entidades del sistema; El proceso siguiente es la autenticación, es decir, comprobar que la entidad es quien dice ser, Pasados estos dos filtros, la entidad puede acceder a un objeto del sistema.

En concreto los sistemas de identificación y autenticación de los usuarios son los mecanismos más utilizados.

Mecanismos de control de acceso: Los objetos del sistema deben estar protegidos mediante mecanismos de control de acceso que establecen los tipos de acceso al objeto por parte de cualquier entidad del sistema.

Mecanismos de separación: Si el sistema dispone de diferentes niveles de seguridad se deben implementar mecanismos que permitan separar los objetos dentro de cada nivel. El acceso por parte de las entidades o usuarios a objetos de diferentes niveles debe evitarse si no existe un mecanismo de control de acceso; Los mecanismos de separación, en función de cómo separan los objetos, se dividen en los siguientes Grupos:

física, temporal, lógica, criptográfica y fragmentación.

Mecanismos de seguridad en las comunicaciones: La protección de la información integridad y privacidad cuando viaja por la red es especialmente importante. Clásicamente se utilizan protocolos seguros, tipo **SSH o Kerberos,** que cifran el tráfico por la red.

Análisis de vulnerabilidades

Se Deben plantear las siguientes Preguntas:

1-Tenga muy en cuenta el último análisis de vulnerabilidades que hizo a sus Equipos

2-Con qué frecuencia se hacen este análisis en las organizaciones.

Normalmente hay más de 120 nuevas vulnerabilidades diarias, Si se anuncia una nueva vulnerabilidad hoy, cuál Sería el proceso para proteger su red; Es importante saber si estas vulnerabilidades afectan a la organización.

Se debe tener un historial de sus vulnerabilidades y su corrección.

Es clave saber cuándo y cómo fueron corregidas.

La comunidad informática ha creado durante los años 2012 al 2017 una serie de bases de datos formales donde se encuentra información crítica como: cuál es vulnerabilidad, a qué sistemas impacta, cómo se activa la vulnerabilidad, cuál es el código que la activa, cómo se corrige la vulnerabilidad.

10

MANEJO DE CRISIS

CRISIS

Puede ser definida como un inestable período de tiempo o estado de eventos, cuyo resultado marcará la diferencia; algunos ejemplos pueden ser: explosiones de bombas, sabotaje, extorsión, secuestro, acciones terroristas.

ESTADOS DE NORMALIDAD, PERTURBACIÓN Y CRISIS

CRISIS COMO HUELGAS, PAROS Y ASONADAS

Debemos tratar de mirar en primera instancia el problema del manejo de las crisis describiendo tres fases en la cual ellas operan: condiciones normales, situaciones de perturbación y dinámica de la crisis.

Bajo condiciones normales, un sistema funciona sin mayores fluctuaciones. Un número determinado de normas ayuda al sistema a mantenerse balanceado y a conservar su ritmo diario, este marco de referencia puede ser perturbado a un mayor o menor grado, moviéndose en unos extremos que oscila de la calma total, a muy cerca del punto de ruptura, pero en general, el sistema se sostiene como un todo dentro de los parámetros establecidos.

Un incidente altera las condiciones normales y crea perturbación.

En este caso, planes especializados son puestos en efecto para regresar a un estado de normalidad. Esta estrategia sin embargo, solamente aplica a los incidentes "clásicos": o sea, aquellos que pueden ser manejados por las normas de emergencia existentes. Una vez el incidente ha sobrepasado ciertos límites, entonces se puede decir que se entra en el campo de la crisis.

El incidente clásico es un problema puntual que ocurre dentro del normal funcionamiento de un sistema y que en un contexto amplio, no genera amenaza. Existen especialistas capaces de resolverlo o disminuirlo con alguna rapidez y sin mayor dificultad.

Es importante notar que la mayoría de los incidentes son 'clásicos'; sería equivocado confundir a un incidente pasajero con una crisis.

EL INCIDENTE MAYOR: ALGO REALMENTE FUERA DE CONTROL

El gerente se enfrenta a algo que no se parece en nada a un incidente ordinario o convencional y es completamente catastrófico. Ninguna de las referencias establecidas se acomoda a esta escala de eventos, todo parece confuso

La situación se presenta de una magnitud gigantesca, nadie entiende qué está pasando, no hay forma de describir lo que pasa, de todas partes vienen amenazas, malas noticias, fallas, cada vez todo se torna más grave.

Algunos parámetros comunes a este tipo de incidentes pueden ser los siguientes:

Inmovilización a gran escala

Situaciones que se agravan exponencialmente

Algunas emergencias no siguen los modelos tradicionales, los medios disponibles para reaccionar son inadecuados, hay ausencia de especialistas

La incertidumbre e incapacidad para obtener la información necesaria.

El tiempo es un elemento crucial en una crisis

La duración de la crisis es la primera gran preocupación que un gerente debe enfrentar, nadie está preparado para resistir indefinidamente.

El problema puede ser resuelto inicialmente y evolucionar en otro completamente diferente.

Una crisis generalmente es una sucesión de problemas

Aparecen serios problemas de comunicaciones dentro de cada organización

Mentalidad de crisis

Una crisis provoca emociones exacerbadas que generan diferente manifestaciones que abarcan desde el entusiasmo hasta el miedo. Y es sabido que en una situación emotiva, las personas se vuelven más sensibles. Por lo tanto, su comportamiento durante la crisis influirá más de lo habitual en los demás.

La mentalidad de crisis suele caracterizarse porque el grupo tiene la sensación de que no le queda más opción que unirse y eso potencia su sentido de la identidad. A menudo la crisis hace aflorar talentos ocultos de una persona que, a partir de ese momento, es mejor valorada por los demás miembros del equipo. El descubrimiento puede ser que hablan polaco mejor de lo que creían, que son capaces de memorizar seis números de teléfono al instante o que si no se encuentran las llaves del coche de la empresa, no les cuesta hacer un puente y arrancar el motor

Lo mejor será que el equipo salga reforzado de la experiencia y que eso le sirva en situaciones futuras. Una crisis es el momento ideal para mostrar al resto del grupo talentos ocultos. Los roles tradicionales del equipo se rompen en situaciones de extrema tensión y las funciones de cada uno se flexibilizan. La crisis según los japones tiene dos significados oportunidad o situación contraria que lleva al límite.

LA DINÁMICA DE LA CRISIS

Desde el punto de vista de la Gerencia de la Seguridad, la dinámica de la crisis es manejada por tres problemas principales, los cuales pueden ser resumidos así:

Desmoronamiento. Una crisis es primero que todo una avalancha repentina de un impresionante número de problemas. La señal más frecuente de este desplome es la saturación de las redes de comunicación, los conmutadores telefónicos se bloquean, y contradicciones extremas aparecen en todo sentido.

Confusión. Enfrentada con esa excesiva cantidad de problemas, la organización descubre que los métodos de operación ordinaria son insuficientes para la tarea por cumplir. Contradicciones y efectos inesperados atacan los pasos dados para estabilizar la situación; los mecanismos de respuesta existentes se congelan

Ruptura. Las dificultades crean barreras absolutas. Los problemas se aglutinan juntos en un bloque y las contradicciones crecen y se multiplican. El margen para maniobrar se reduce a cero. El desmoronamiento y como consecuencia de éste la

confusión y ruptura, convierten en frágiles e impotentes a los actores involucrados, estos tres procesos se combinan para producir la dinámica de la crisis.

La combinación de estos tres fenómenos provoca el colapso general.

1. OBJETIVOS DE LA GESTIÓN DE CRISIS

- ✓ Reducir la tensión durante el incidente.
- ✓ Demostrar compromiso y experiencia del corporativo.
- ✓ Controlar el flujo y seguridad de la información.
- ✓ Manejo de recursos de forma efectiva.
- ✓ Identificar las señales de advertencia.
- ✓ Mitigar el daño.

Para comprender los "como" y los "porqué" de la gestión de crisis es necesario establecer algunos conceptos previos:

Manejar una crisis

Detectar los riesgos antes de que ocurran, es un factor determinante a la hora de medir el éxito de su empresa. Hoy en día, muchas compañías no cuentan con un manual de normas y procedimientos para el manejo de crisis, en caso de que se presenten. Todo lo contrario, asumen la cómoda e ingenua postura de "esto no me pasará a mí".

La mayoría de las veces estas fallas son difundidas por los medios de comunicación social, denigrando la imagen de la organización y convirtiéndola en un foco de atención inimaginable. Precisamente esto es lo que debemos evitar: contrarrestar cualquier evento que amenace la reputación de la empresa.

¿Por qué manejar crisis?

Desde el mismo momento en que decidimos emprender un negocio debemos pensar en los riesgos. Por ello, es necesario identificarlos a tiempo con el objeto de minimizar su impacto. Saber manejar una crisis también implica llevar a cabo estrategias informativas y comunicacionales con el fin de evitar una situación de conflicto. No podemos dejar que los riesgos nos controlen, todo lo contrario, tenemos que controlarlos nosotros a ellos.

Los directivos de la empresa no deben dejarse llevar por el pánico, más bien deben crear un departamento dedicado a la administración de incidentes, estar alertas, tomar conciencia y colaborar en la medida de lo posible para que la crisis sea solventada satisfactoriamente. Para ello, deben instruir adecuadamente al personal con tiempo de antelación.

La persona encargada de esta gerencia debe monitorear claramente las pautas y hacer un continuo seguimiento al trabajo de todas las personas involucradas; difundirá información adecuada y asesorará a su equipo de trabajo acerca de las tareas que debe realizar.

Los robos o asaltos en los bancos

La crisis surge particularmente cuando se sospecha que el ladrón es un miembro del equipo. A pesar de lo que pueda imaginarse, es una situación, lamentablemente, demasiado común.

Consejos para manejar crisis

En caso de presentarse una crisis, el director general o el gerente de comunicaciones se encargarán de contrarrestar las malas noticias generadas y de colocar la imagen de la empresa en un ámbito positivo. Algunas personas suelen actuar de forma radical, demandando al medio informativo o al periodista que difundió la información. En este caso, se debe actuar de forma estratégica, en vez de emocional.

De los errores se aprende, así que muchas de las crisis son experiencias que pueden servir de aprendizaje para estar preparados y prevenidos en caso de que se presenten. Sin embargo, la idea es evitar que éstas ocurran.

Otro concejo importante es que no se puede reaccionar de forma negativa y aislada ante una situación de anormalidad. Todo lo contrario, se debe actuar de manera organizada y con la cabeza bien en alto.

Es vital que las empresas tengan asegurado, tanto a su personal como a la infraestructura en sí, que diseñen planes de contingencia, y asignen mayor capital y personal a esta área.

Siga con su actividad como de costumbre. Comunique a la policía, de forma confidencial, cualquier dato que le parezca relevante y no haga nada más. Mantenga los ojos bien abiertos, pero no revise el escritorio de un empleado aprovechando su ausencia ni compruebe enfermizamente el dinero de los gastos por justificar.

Si los miembros de su equipo sospechasen que no confía en ellos, su relación con el equipo sufriría un daño irreparable. Y una vez detenido al culpable, los empleados inocentes trabajarán con la presión de saber que su jefe ha puesto en duda su honestidad. Si sólo sospecha de uno o dos y resultan no ser culpables, el daño será todavía mayor.

Ponga a su equipo como ejemplo y hasta que se demuestre lo contrario, opte por defender a sus miembros: Ninguno de los empleados a mi cargo sería capaz de algo así. Nos mantendremos alerta pero como ninguno de nosotros es culpable.

No se dejar que esta situación interfiera en nuestro trabajo".

11

FALSIFICACION DE MONEDA

DEFINICION

Delito que se comete alterando, fabricando, introduciendo en el país, exportando, transportando, expendiendo o distribuyendo moneda falsa o alterada.

Es un tipo de falsedad que se realiza sobre la moneda metálica, el papel moneda u objetos que se asimilen y tengan eficacia como medio de pago.

- Reproducción fraudulenta o delictiva
- Total en el caso de las monedas
- Total o parcial en el caso del papel moneda o billete
- Logrando introducirla como medio circulante
- Relativamente difícil de reconocer a simple vista.

VALORES EQUIPARADOS A MONEDA

Se consideran como moneda los siguientes documentos, si son emitidos por el Estado:

- Títulos de deuda pública
- Bonos
- Pagarés
- Cédulas hipotecarias
- Acciones
- Valores

PERSONALIDAD DEL DELINCUENTE

- Elevado grado de perfección
- No son físicamente peligrosos
- No portan armas
- Diestros, hábiles y audaces para hacer circular su producto en horas, lugares y personas propias:
- 75% sexo masculino
- Edad 40 a 70 años

- Grado de instrucción media (para no perder su talento estudiando)
- Taxistas en horas nocturnas o cuando llueve
- Casinos
- Personas de edad avanzada a las que les falla la vista
- Terminales de transporte
- Bancos en horas pico de atención al público
- Cuando se dan cambios o vueltos a ejecutivos de mediano y alto nivel.
- Parejas que discuten o pelean cuando hacen sus compras
- Cambio o vueltos durante eventos que obligan a largas colas.

MODALIDADES DE FALSIFICACION

Imitación

- La más frecuente
- Fabricación con materiales de aceptable calidad tanto de monedas como de billetes.

Falsificación

- Se parte de billetes auténticos
- Se le hace lavado químico parcial y se le aumenta el valor

- Se le hace lavado químico total y sobre el papel limpio se imprime el nuevo billete.

"GENERALMENTE SE USAN PESOS COLOMBIANOS, BOLÍVARES VENEZOLANOS, PESETAS ESPAÑOLAS Y DOLARES DE BAJAS DENOMINACIÓN".

FALSIFICACION DE MONEDA METALICA

"TODOS LOS PAISES FABRICAN SU MONEDA METALICA POR PROCEDIMIENTO DE TROQUELADO Y CORDONCILLO, MEDIANTE MOLDE HUECO HECHO EN ACERO FINAMENTE PULIDO, POR GOLPE DE 200 – 400 TONELADAS AL MISMO TIEMPO SOBRE LAS DOS CARAS. EL CORDONCILLO IMPRIME EL BORDE DE LA MONEDA".

La falsificación la hace la delincuencia mediante:

1. **Moldeado en yeso utilizando:**
   - Estaño
   - Antimonio
   - Plomo

Características de esta moneda

- Gravado borroso

- Aristas redondeadas
- Relieves poco definidos
- Superficie áspera
- Borde o canto trabajado a mano

2. **Galvanoplastia**

- Se cubre la moneda buena con grafito y polvo de plata
- Se hace baño electrolítico
- Queda el molde de una cara
- Se repite el procedimiento con la otra cara
- Queda el molde de la otra cara
- Se hace un disco de plomo que será cubierto por los dos moldes y estos se sueldan por el borde o canto.
- Otra forma es hacer moldes de moneda en gutapercha, resinas o ceras y sobre ellos hacer la galvanoplastia.
- Al baño electrolítico se le añade oro, plata o níquel, según sea el color que se le quiere dar a la moneda.

♦ **Características de esta moneda**

- Relieves correctos
- Superficie liza
- La soldadura del borde delata el fraude
- En los moldes de gutapercha, resina o cera, el peso de la moneda es inferior a la original.

"ESTA MODALIDA SOLO SE UTILIZA EN MONEDAS DE ALTO VALOR Y MONEDAS DE COLECCIÓN, POR LO QUE CASI NO SE USA."

3. EL TROQUELADO

Es el método más usado por:

- Rapidez de producción en serie
- Reproducción con gran parecido al original
- La moneda original "se graba en hueco" en una pieza de acero al rojo vivo. Este procedimiento se hace con las dos caras.

Características de esta moneda

- El relieve de las figuras es redondeado
- Algunas partes finas del relieve se empastan
- El canto o borde de la moneda se hace a veces con buril y es imperfecto
- Para darle el peso de la original, en ocasiones la moneda es más gruesa
- El color generalmente es más brillante
- En los bordes pueden existir rebabas

I. CARACTERISTICAS DE LAS MONEDAS FALSAS APRECIABLES SIN NECESIDAD DE PARATOS ESPECIALES.

- Sonoridad. Sobre piedra o mármol, la falsa da un ruido sordo y corto; la auténtica un sonido metálico y agudo.

- Peso. Puede ser inferior en el caso de moldeado o galvanoplastia o superior en el caso del troquelado.

- Desgaste Superficial. Al raspar la falsa cede rápidamente, la original es más dura. Si se trata de galvanoplastia o moldeado, aplicando cegueta o lima al borde, se aprecia el núcleo.

- El borde o canto. Es la parte más difícil de imitar, al compararlo con una buena, se detecta fácilmente la falsificación.

II.   FALSIFICACION DE PAEL MONEDA

"CADA PAIS TIENE SUS PROPIOS ELEMENTOS DE PROTECCION"

Los más utilizados son los siguientes:

A. **Papel.** Está constituido por una mezcla de madera y algodón. Estados Unidos usa 75% algodón y 25% madera. Colombia usa 100% algodón.

Puede ser blanco o ligeramente teñido.

B. **Marca de agua o Filigrana.** Marcada en la pasta del papel por medio de punzones que dispersan microscópicamente las fibras. En Colombia y en la mayoría de los países corresponde a la cara del mismo personaje que constituye el motivo del billete, con idénticas características. Esta marca de agua es visible a trasluz, pero es invisible en la máquina de Wood o máquina fluorescente.

C. Hilos Metálicos. Incorporados dentro de las dos caras del papel, lo atraviesan por uno de sus ejes. Cuando son dos, uno es lizo y de lino o nylon y el otro lleva inscripciones generalmente con el valor del billete y alternativamente entra y sale de la cara del reverso y está construida en hilos de plata.

D. Laminillas o discos. Generalmente no son visibles a simple vista, pues están incorporados dentro de una de las caras, elaborados con material fluorescente que aparece al aplicar la máquina de Wood.

E. Hilos fluorescentes de seda. Son trazos luminosos esparcidos por las caras del billete durante su fabricación con una longitud de más o menos tres milímetros. Son de color rojo y azul.

F. Policromía o dibujos a color. Situados en diferentes partes del billete según su valor. Generalmente tienen:

- **Motivo.** Paisajes o personas
- **Adornos.** Figuras geométricas o de culturas indígenas
- **Fondo de seguridad.** Micro: líneas, palabras, frases o textos.
- **Tintas.** De alta calidad y cambio gradual de coloración, evitando empastamiento o tonos pastel.

- **Numeración.** Nítida, observando el mismo nivel en toda su extensión y entre números. La separación entre uno y otro número es igual.

III. CARACTERISTICAS DE LOS BILLETES FALSOS APRECIABLES SIN NECESIDAD DE APARATOS ESPECIALES.

❖ **Papel**

- Sonoridad (crujido típico)
- Grosor (cada cara es un papel independiente)
- Aspecto
- Al rasparlo con un alfiler se blanquea rápidamente

❖ **Filigrana o marca de agua, hilos de seda, discos, hilos metálicos**

- Ausencia
- Comparación con uno auténtico
- A la exposición a la lámpara de Wood, la filigrana en marca de agua no se hace visible en el billete original, en el falso si. Exponerlo a la lámpara por anverso y reverso.
- Los discos secretos fluorescentes y los hilos de seda no salen al exponer el falso a la lámpara de Wood.

❖ **Hilos metálicos.**

- Ausencia
- No claramente definidos

- Sin salida y entrada a tramos en el reverso.

❖ **Coincidencia de dibujos**

Doblando la figura del billete sospechoso por la mitad, se coloca sobre la otra mitad de la figura del billete bueno y sus líneas y grabados deben coincidir, de lo contrario el billete es falso.

12

CENTRALES RECEPTORAS DE ALARMAS

¿Cuáles son los retos actuales de las ESTACIONES CENTRALES?

Crecimiento exponencial del sector • Falsas alarmas

• Infraestructuras

• Estándares de servicio

• Consolidación de las iniciativas de acción
normativa

REDUCCION DE FALSAS ALARMAS

Falsas alarmas: Causas principales
<u>Experiencia de Prosegur:</u>

1)   Errores del usuario al entrar o salir

(62%) 2)   Otros errores del usuario (8%)

3)   Problemas ambientales (6%)

4)   El resto (24%), se alarmas por causa tipo técnico (2%)

reparte entre repetitivas (12%), desconocida (10%), fallos de

Errores del usuario al entrar o salir:

Estado inicial del sistema:

Armado

Armado

Error del usuario:

No desarma y entra

Arma y no sale

Resumen norma DD243:

Métodos de verificación obligatorios:

1) Por audio, o

2) por video, o

3) por detección secuencial, o

4) por verificación presencial, y

5) Filtrado de alarmas en todos los casos

VERIFICACION SECUENCIAL

Actividad instalación: Actividad Est. Central:

• Salta detector • perimetral + PIR interior, o

• PIR interior + otro PIR interior (zonas no solapadas), o

• Tamper + otro detector

• Con anticorte de línea, pérdida de comunicación + cualquier detector

La primera señal se recibe como "no verificada". Se avisa a los contactos, pero no a la Policía.

Si se recibe la 2ª señal (de otro detector) dentro de los 30 minutos, se avisa a la Policía.

Pasados los 30 minutos sin 2ª señal, se reinicia el ciclo

¿Cuál es la de falsas

cifra "correcta" alarmas?

Probabilidad de que la alarma sea falsa

NO OLVIDAR: los filtros que introduzcamos para reducir las falsas alarmas comunicadas, afectarán también a las alarmas reales no comunicadas

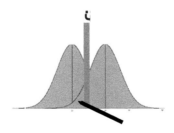

Alarmas consideradas falsas   Alarmas consideradas reales

Probabilidad alarma real

Probabilidad falsa alarma

Error Tipo I: tratar la alarma como falsa, siendo real

Alarmas consideradas falsas   Alarmas consideradas reales

Probabilidad alarma real

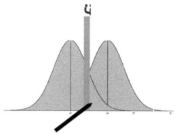

Probabilidad falsa alarma

Error Tipo II: tratar la alarma como real, siendo falsa

D LA CALIDAD EN LOS PRODUCTOS Y SERVICIOS DE SEGURIDAD

¿Cuál es la medida justa?

• El error Tipo I es más grave que el II.

• Los métodos de filtraje y discriminación que se puedan aplicar afectarán por igual a ambos tipos de error.

• Por lo tanto, cualquier programa de reducción de falsas alarmas que penalice igual la no comunicación de alarmas reales que la comunicación de falsas alarmas irá en detrimento de la seguridad

D : Situación de partida (1)

La clave del éxito de las operaciones a través de las CRAs es reducir los índices de falsas alarmas. Según IHS Markit, se estima que entre el 90 y el 95% de las alarmas comunicadas a las centrales resulta ser falsas, lo que constituye un serio problema de gestión. Su comprobación puede resultar costosa y suponer el envío de personal a una búsqueda inútil, con la consecuente pérdida de tiempo. El elevado coste de mano de obra en el sector hace que estos desplazamientos repercutan además en la cuenta de resultados de una CRA.

Pero las falsas alarmas también son un problema para los cuerpos de seguridad. Las fuerzas policiales de un país como España ya no acuden a un incidente si la alarma no ha sido verificada, optimizando la gestión de sus recursos. En algún caso, en algunos países, se ha llegado a incluir a las CRAs en una especie de lista negra, ante un alto índice de falsas alarmas.

— Alarmas falsas   97,71%

— Alarmas reales   2,29%

— Media mensual alarmas falsas sobre total abonados   19,44%

(Equivale a 2,3 falsas alarmas por sistema/año)

• Los sistemas de seguridad deben ser conformes a las normas europeas (serie UNE-EN 50131-x, etc.)

• El proyecto de instalación debe ser normalizado, y formar parte de la documentación contractual

• El proyecto de instalación deberá incluir la justificación del nº de detectores a instalar (nunca menos de 3)

• Toda instalación conectada a Estación Central deberá contar necesariamente con al menos uno de los siguientes sistemas de verificación:

– por audio – por vídeo

– por verificación secuencial

– por verificación presencial (contactos y/o acuda)

• La verificación secuencial será definida de forma similar a la norma DD243 inglesa

• Además de ello, se establecerá un filtro para las señales de alarma recibidas en el entorno temporal de la conexión/desconexión

• Estos procedimientos de actuación (protocolo) figurarán en el contrato firmado con el cliente

• Las señales iniciales en la verificación secuencial (pre alarmas) no serán comunicadas a las Fuerzas Sociales del Estado, pero sí podrán ser comunicadas al cliente/contactos/acuda

• El Ministerio establecerá unos niveles de referencia (% de alarmas falsas sobre total alarmas y % de alarmas falsas sobre total abonados). Las empresas estarán obligadas a implantar un Plan de Reducción de Falsas Alarmas y a informar periódicamente sobre los resultados

Obtenidos

• Los niveles de referencia tendrán en cuenta la diferencia cualitativa

entre no

comunicar alarmas

reales y

comunicar

falsas

• Se calculará

en términos de

falsas alarmas por

sistema/año

• El exceso de

falsas alarmas en

una instalación

individual llevará

aparejada la

prohibición de

comunicar las

alarmas a las FSE

hasta la subsanación de las deficiencias, pero no la desconexión (la Estación Central seguirá comunicando las alarmas solamente al cliente/contactos/acuda)

• El régimen sancionador incluirá a los usuarios y, en la parte relativa a las empresas, hará uso de los niveles de referencia mencionados

• El régimen sancionador incluirá a los usuarios y, en la parte relativa a las empresas, hará uso de los niveles de referencia mencionados

INFRAESTRUCTURAS DE LAS ESTACIONES CENTRALES

D LA CALIDAD EN LOS PRODUCTOS Y SERVICIOS DE SEGURIDADABONADO   Riesgos del sistema:

- Corte intencionado línea

- Meteorología

- Sabotaje central telefónica

- Avería servidor ESTACION CENTRAL

- Avería receptoras

- Avería ordenadores-Caída total de la ESTACION CENTRAL

C.R.A.

OPERADOR TELEFONICO

Configuración deseable: equipos

ABONADO

REDUNDANCIA EN EQUIPOS: RECEPTORAS, SERVIDORES, ETC.

OPERADOR TELEFONICO

Configuración deseable: datos Bancos BANCO

REDUNDANCIA EN

BASE DE DATOS MEDIANTE ACTUALIZACION ON LINE CON LÍNEA DEDICADA ENTRE VARIAS ESTACIONES CENTRALES

OPERADOR TELEFONICO

ESTACION CENTRAL N° 1

ESTACION CENTRAL N° 2

Configuración deseable: operadores telefonía

ABONADO

CADA ESTACION CENTRAL TIENE LÍNEAS TELEFONICAS DE DOS OPERADORES DISTINTOS

OPERADOR TELEFONICO Nº 1

ESTACION CENTRAL Nº 1

OPERADOR TELEFONICO Nº 2

ESTACION CENTRAL Nº 2

D Configuración deseable: métodos acceso a la Estación Central BANCO LOS METODOS DE ACCESO

DEL OPERADOR A LA CRA DEBEN DIVERSIFICARSE: LÍNEAS SOTERRADAS, LMDS, GSM, etc.

ESTACION CENTRAL Nº 1

ESTACION CENTRAL Nº 2

D LA CALIDAD EN LOS PRODUCTOS Y SERVICIOS DE SEGURIDAD

Configuración deseable: esquema general

Receptoras y módems

Procesador de señales

Servidor InternetARJETA MULTIPUERTO

DUPLICACION ELEMENTOS CRITICOS

Switch INTERNET de red Servidor de programa recepción

Servidor de programa bidireccional

ESTACION CENTRAL N° 2

EQUIPAMIENTO, DISTRIBUCION Y ORGANIGRAMA

ORGANIGRAMA DEPARTAMENTO DE SEGURIDAD

GERENTE GENERAL

DIRECTOR O GERENTE DE

OPERACIONES

JEFE DE OPERACIONES

SECRETARIA

JEFE DE TURNO

CALIDAD DE SERVICIO

DIGITADORA / DIGITALIZACION

ING. DE SOPORTE

TECNICO DE SERVICIO REPRESENTANTE DE SERVICIO

OPERADOR DE MONITOREO

SUPERVISORDESPACHADOR DE RADIO

OPERADOR DE SOPORTE TECNICO ON LINE

SUPERVISOR

Consola de Monitoreo

ESTACION CENTRAL

• Recepción de
Teléfono (Surgard) –

–GPRS y CDMA
Cellemetry (Bismark) –

Alarmas –
CDPD (Bismark)

(Digicom) –

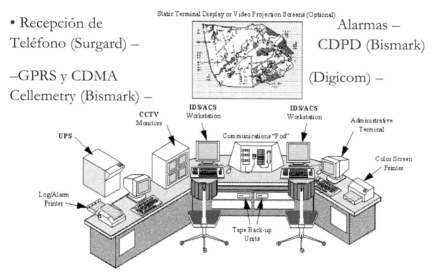

Ethernet (Digicom, Radionics) –Radio doble vía (Safecom, AES)

–Radio Una vía (Safelink DSC, Electronics Line) EQUIPOS

• Redes y estaciones de trabajo

–Tarjeta Multipuerto (Depende del software)

–Procesador de Señales

(Servidor de Seguridad, Licencia principal)

–Servidor de datos y administrador de red (Licencia de trabajo en red)

–Estaciones de trabajo - Operadores (Licencias individuales)

–Discos de almacenamiento 6 meses –Estaciones para impresión de reportes

ESTACION CENTRAL

• Redes y estaciones de trabajo

– Estaciones de simulación y entrenamiento – Estaciones de Supervisión (Jefe de Turno) – Pagina WEB. Informes y accesos

– Reubicación Rápida de la Operación (Central Virtual) • Comunicaciones

– Torre para distribución de antenas de receptoras de alarmas y radios de comunicación- Pararrayos

– Bandeja transportadora de antenas – Puestas a tierras

ESTACION CENTRAL

• Comunicaciones

– Rack de distribución de receptoras

– Repetidores en sitios altos de la ciudad – Planta telefónica independiente

• NUU (Número Unico Universal) 01900xxxxxx – Receptora Telefónica y PBX

– Celulares, Avantel, OLA • CellSocket

– Grabación digital de líneas telefónicas y de las comunicaciones del sistema de radios

• Racall , Arunta (16 a 32 entradas, Software de búsqueda – Recursos de contingencia (Central espejo)

– Cabina insonorizada del radio operador

ESTACION CENTRAL

• Centro de Cómputo

– Control de temperatura y Humedad – Distribución de cableado y equipos – Modularidad

– Protección contra interferencia electromagnética – Firewall

– Detección y extinción de incendios – Protección física de la información – CCTV

– Contingencia

ESTACION CENTRAL

• Condiciones arquitectónicas – Color e iluminación adecuados

– Temperatura y Humedad controlada

– Puestos de trabajo modulares proyectando ampliaciones – Sillas ergonómicas – Protección sindrome metacarpiano

– Salidas de emergencia (mínimo 2)

– Puertas de entrada abren hacia fuera – Exclusa con garita de vigilancia

– Baterías de baños y lockers

– Salas de recreación y descanso

– Acceso a medios de información (Televisión, intenet, Radio)

ESTACION CENTRAL

• Condiciones de Servicios

– UPS – Capacidad de 130%, redundancia – Puestas a tierra

– Iluminación de emergencia

– Tuberías y suministros de agua y aire acondicionado – Red eléctrica y Planta de Emergencia

– Tanque de Combustible y suministro

— Planos, manuales de Mantenimiento, Planillas de Control

ESTACION CENTRAL

• Distribución administrativa

— Oficinas contiguas — Director, Secretaria, digitadora, Investigador — Centro de Digitación y Digitalización

— Sala de atención a visitantes

• Protocolos Internos de Seguridad — Confidencialidad

— Contra vigilancia

— Monitoreo de comunicaciones (Celulares) — CCTV interno

— Polígrafo (selección y control) — Control de acceso biométrico

• Apoyos Técnicos

— Operador de soporte Técnico — Ingeniero de soporte

— Proveedores de servicios (Redes, Aire iAcondicionado, Iluminación, UPS, Planta, Archivo

digital, Software de Monitoreo, Grabacón de llamadas Telefonía)

SIMULACROS, RUTINAS DE MANTENIMIENTO, EVALUCION PERMANETE DE RIESGOS Y

CAPACITACION

FUNCIONES Objetivo y finalidad del cargo

• Director de operaciones:

– Salvaguardar los intereses de los clientes y de la compañía. Servir de enlace entre la empresa y los clientes a nivel operativo, administrativo y de seguridad.

• Jefe de Operaciones

– Mantener actualizado el sistema de información base para el funcionamiento de la Central de Monitoreo. Igualmente coordinar y controlar que el mismo y los recursos técnicos y humanos asignados se encuentren en óptimas condiciones de producción.

• Operador de monitoreo

– Asistir correcta y eficazmente los eventos de todas las unidades monitoreadas mediante la aplicación eficiente de los procedimientos correspondientes a cada evento y la coordinación de los recursos humanos y técnicos asignados, con el fin de garantizarle al cliente una reacción inmediata y un excelente servicio ante cualquier evento.

FUNCIONES Objetivo y finalidad del cargo

• Supervisor

– monitoreadas, a través del desplazamiento inmediato a cada sitio en particular, con el fin de garantizarle al cliente una visita de inspección y evaluación del lugar que confirme en qué condiciones de seguridad se encuentra el inmueble.

• Digitadora

– Servir de apoyo en los procesos que llevan a cabo los Operadores de Monitoreo, específicamente lo que corresponde al ingreso de información de las unidades en el sistema de Monitoreo a través de la aplicación eficiente de los procedimientos, con el fin de agilizar el proceso de alimentación de la base de datos de los clientes que cuentan con servicio de monitoreo. Digitalización electrónica (scanners) de los documentos de información para la prestación del servicio

FUNCIONES Objetivo y finalidad del cargo

• Ingeniero de Soporte

– Respaldar técnicamente a la Central de Monitoreo con el propósito de mantener el buen funcionamiento operativo de los sistemas y equipos con los que cuenta la misma, tanto interna y como externamente. Del mismo modo desarrollar y explotar efectivamente los recursos tecnológicos, a través de la aplicación de conocimientos técnicos en la solución de requerimientos a nivel de software y hardware con el fin de mantener el servicio de Monitoreo con los más altos estándares técnicos de funcionamiento.

• Técnico On Line

– Respalda Técnicamente a la Central de Monitoreo con el propósito de guiar a los clientes en el correcto manejo de su sistema de seguridad y a los técnicos de mantenimiento preventivo en la indicación de las señales que estos envían hacia el centro de monitoreo

• Jefe de Turno:

– Responsable de preservar los procedimientos de calidad en la prestación del servicio. Examina las llamadas y las pantallas de los operadores para realizar estadísticas de calidad. Atiende de forma ocasional al cliente cuando este busca la ayuda del jefe encargado en cada turno.

TERMINOLOGIA

ACCESO

Lugar de recorrido donde entran y salen personas, animales, y cosas

AMENAZA

Un intento de daño o herida una indicación de algo que podría ocurrir

AREAS INTERIORES

Lugares donde se desarrolla la actividad de la instalación y el cual amerita control de movimientos

AREAS INTERMEDIAS

Son aquellas ubicadas entre la construcción propiamente dicha y las barreras perimetrales entre ellas se encuentran los parqueaderos, los aislamientos y los corredores vehiculares y senderos peatonales

BARRERA

Elemento que retarda, detecta, disuade y autoriza el acceso

BARRERA PERIMETRICA

Permite delimitar la zona privada, así como demorar el paso, denegar acceso, disuadir la actividad criminal, y/o detectar los intrusos

CRISIS

Una crisis es un cambio brusco o una modificación importante en el desarrollo de algún suceso, y ésta puede ser tanto física como simbólica. Crisis también es una situación complicada o de escasez.

CONTROL

Seguimiento a un proceso de acuerdo a unos parámetros

CONTROL ACCESOS

Actividad realizada por el hombre, en algunos casos con apoyo animal o tecnológico que permite autorizar la entrada o la salida de personas, animales, y cosas de acuerdo a las políticas del puesto o los protocolos existentes.

CONTROL DE MOVIMINTOS INTERNOS

- **VISITANTES** plenamente identificados y con escarapela que lo clasifica como tal y en un área determinada
- **EMPLEADOS**: control en el cumplimiento de los horarios y sus funciones de acuerdo al área asignada
- **PAQUETES**: revisión física al entrar y salir evitando de esta manera las perdidas por sustracción o por intrusión de artefactos explosivos
- **VEHICULOS**: revisión física al entrar y salir evitando de esta manera las perdidas por sustracción o por intrusión de artefactos explosivos y si son de carga los fletes, facturas, remisiones verificadas en su recibo e inclusive pasados por la bascula

ESTUDIO DE SEGURIDAD

Es un análisis (encuesta) detallado que se hace a personas, inmuebles y bienes determinados, con el fin de determinar la amenaza descubrir las debilidades, detectar y calificar los riesgos generándose de esta manera el conocimiento base para la elaboración y desarrollo de planes de seguridad, generando recomendaciones que permiten mitigar los riesgos

DAÑO

Perdida o perjuicio

DEBILIDADES

La primera es una falla en el sistema de seguridad como la vigilancia escasa, la rutina, poco entrenamiento y falta de supervisión

EVENTO

Incidente, alarma, emergencia, siniestro

INCIDENTE

Acto provocado que genera perdida

FALSIFICACIÓN DE MONEDAS

Delito que se comete alterando, fabricando, introduciendo en el país, exportando, transportando, expendiendo o distribuyendo moneda falsa o alterada.

Es un tipo de falsedad que se realiza sobre la moneda metálica, el papel moneda u objetos que se asimilen y tengan eficacia como medio de pago.

LINEAS DE SEGURIDAD FISICA

Son los filtros que debe atravesar un individuo para alcanzar lo protegido

EL VECINDARIO es el sector más próximo sobre el cual no se tiene ningún tipo de control

MANEJO DE CRISIS

Puede ser definida como un inestable período de tiempo o estado de eventos, cuyo resultado marcará la diferencia; algunos ejemplos pueden ser: explosiones de bombas, sabotaje, extorsión, secuestro, acciones terroristas.

MODUS OPERANDI

Modus: Modo   **Operandi:** Operar

Es el modo en que opera la delincuencia, otra definición es:

Son las técnicas y formas que la delincuencia emplea para realiza los ilícitos.

MUROS PERIFERICOS

Son las barreras de la instalación o construcción donde se encuentran perforaciones vulnerables como puertas y ventanas la cual debe tener adosada la iluminación proyectiva.

PUNTOS CRITICOS

Lugares donde las circunstancias permiten la existencia de un peligro o facilitan la comisión de un hecho delictivo contra personas a bienes como un control de accesos

RIESGO

Probabilidad de Perdida resultante de una amenaza incidente de seguridad o evento

SEGURIDAD BANCARIA

Sistema de Seguridad, como el conjunto de elementos e instalaciones necesarios para proporcionar a las personas y bienes materiales existentes en un local determinado, protección frente a agresiones, tales como robo, atraco o sabotaje, incendio, etc.

SEGURIDAD ELECTRONICA

Apoyo de la tecnología en prevención de perdidas

SEGURIDAD FISICA

Protección a una instalación

VECINDARIO

Es el sector más próximo sobre el cual no se tiene ningún tipo de control.

VEHICULOS

Revisión física al entrar y salir evitando de esta manera las perdidas

225

por sustracción o por intrusión de artefactos explosivos y si son de carga los fletes, facturas, remisiones verificadas en su recibo e inclusive pasados por la bascula

VULNERABILIDAD

Debilidad en la protección que cuando es reconocida por el delincuente se convierte en vulnerabilidad

BIBLIOGRAFIA

-Sosa González Rafael Darío-Manual Básico del Vigilante.2007

-Sosa González Rfael Dario-Manual de Medios Tecnologicos 2017

Sosa Gonzaléz Rafael Darío. -Manual de Seguridad Tecnica 2021

-Sosa González Rafael Darío-Manual director Seguridad

-Sosa González Rafael Darío-Manual Seguridad Empresarial.2012

-Sosa González Rafael Darío- Manual Grandes Superficies. 2021

-Sosa González Rafael Darío Manual Basic del Supervisor.2022

-Sosa González Rafael Darío-Manual Seguridad Informática 2021

-Que es riesgo, Diccionario de la lengua castellana

-Francisco Coll Morales: Directivo

- Recomendaciones para la Gestión de los Riesgos Extorsión y Secuestro: CME - Seguridad y Derechos Humanos.

- El proceso de análisis de problemas y toma decisiones. Articulo alexis cocina jimenez

-Plan de Instrucción y Entrenamiento (Plance))Especialización Seguridad Bancaria ESNAVI.

-Plance Especialización Seguridad Financiera EL VIGIA

-Conferencia Seguridad Financiera Eel Vigia ltda.

- La importancia del hacking ético en el sector financieroDanilo Alberto Burgos Rivera Universidad Piloto de Colombia Bogotá, Colombia

ENLACES

-https://definicion.de/crisis/

-Información de reporte ataques a entidades financieras.   Disponible: http://www.geek.com.mx/2015/08/el-

sector-financiero-recibe-300-mas-ataques-que-otras-industrias/

-Dato referencia estadístico sobre ataque a instituciones de servicios   financieros.
        Disponible:

http://www.oem.com.mx/elmexicano/notas/n390
3479.htm

- Definición del termino hacking ético. Disponible:
http://revista.seguridad.unam.mx/numero-
12/hacking-

%C3%A9tico-mitos-y-realidades

[-Definición términos Hackers de sombrero blanco
(White Hat Hackers) y Los hackers de sombrero
negro   (Black   Hat   Hackers)
http://blog.capacityacademy.com/2012/07/11/7-
tipos-de-hackers-y-sus-motivaciones/

-Falsificación de monedas

_https://dpej.rae.es/lema/delito-de-
falsificaci%C3%B3n-de-moneda

ACERCA DEL AUTOR

RAFAEL DARIO SOSA GONZALEZ

Oficial de la reserva activa del Ejercito Nacional. De COLOMBIA.

Después de su retiro ha desempeñado los siguientes cargos: director de Seguridad en Servicios (INDUSTRIAS ARETAMA Ltda.). Jefe de Seguridad (COLTANQUES Ltda.). Director Operaciones (MEGASEGURIDAD LA PROVEEDORA Ltda.) Gerente (Propietario) ESCUELA NACIONAL DE VIGILANTES Y

ESCOLTAS (ESNAVI LTDA.), Coordinador Proyecto Seguridad Aeronáutica (COSERVICREA Ltda.), Coordinador de Seguridad Proyecto Aeronáutica (COLVISEG Ltda.).

En el área de la docencia: se ha desempeñado como Docente en el Instituto de seguridad Latinoamericana (INSELA Ltda.) Docente de la Escuela Colombiana de Seguridad (ECOSEP Ltda.) Como Consultor Seguridad, Asesoró en Seguridad en Empresas como: ADRIH LTDA, POLLO FIESTA Ltda., SEGURIDAD ATLAS Y TRANSPORTE DE VALORES ATLAS Ltda., SEGURIDAD SOVIP Ltda.

Entre los estudios realizados: Diplomado en Administración de La Seguridad (UNIVERSIDAD MILITAR NVA GRANADA), Diplomado en Seguridad Empresarial (UNIVERSIDAD SAN MARTIN-ACORE):Diplomado Sociología para la Paz, Derechos Humanos, negociación y Resolución de Conflictos (CIDE-CRUZ ROJA COLOMBIANA-ACORE) Diplomado en Gestión de la Seguridad (FESC-ESNAVI Ltda.) ,Programa maestro en Seguridad y Salud Ocupacional(CONSEJO COLOMBIANO DE SEGURIDAD), Liderazgo Estratégico en Dirección , Gerencia Estratégica en Servicio al Cliente(SENA) , Curso Seguridad Empresarial (ESCUELA DE INTELIGENCIA Y CONTRAINTELIGENCIA BG. CHARRY SOLANO), curso de Seguridad Electrónica básico (A1A), Curso Analista de Poligrafía (Pfisiólogo Poligrafista) Poligrafía Basic Voice Store Análisis (DIOGENES COMPANY), entre otros.

Adicionalmente se encuentra desarrollando Programa de entrenamiento para COACHES en INTERNACIONAL COACHING GROUP (ICG) Y DIPLOMADO PARA COACHING CRISTIANO (METODO CC).

Propietario de la Empresa Security Works www.sewogroup.com. Empresa al servicio de la seguridad y vigilancia privada en Latinoamérica. Actualmente se desempeña como director general SECURITY WORK S.A.S.

AUTOR: 20 Libros Colección de Seguridad entre otros Vigilancia Básico, Avanzada. Escolta Básico, Manual de Manejo Defensivo, Manual de Medios Tecnológicos, Manual Prevención Secuestro, Manual del Supervisor. Impresos con la Casa Editorial Security Works de Venta en todos los Países de Habla Hispana.

LOS TITULOS DE LA COLECCIÓN SEGURIDAD PRIVADA

La colección Seguridad dirigida a profesionales de Latinoamérica, Europa, Israel, etc.

PUBLICADOS

01. Manual Para la Vigilancia Privada Básico.
02. Manual Para la Vigilancia Privada Avanzado.
03. Manual Básico del Supervisor de la Vigilancia.
04. Manual Básico del Escolta Privado.
05. Manual Avanzado del Escolta Privado
06. Manual Seguridad Medios Tecnológicos
07. Manual de Manejo Defensivo.
08. Manual de Vigilancia y Contra vigilancia.
09. Manual de Antiterrorismo.
10. Manual de Seguridad Aeronáutica.
11. Manual de Seguridad sin Recursos.
12. Manual de Seguridad Canina.
13. Manual de Seguridad residencial.
14. Manual de Autoprotección Secuestro
15. Manual de Seguridad Hotelera
16. Manual de Seguridad Hospitalaria
17. Manual de Seguridad Comercial
18. Manual de Seguridad Bancaria
19. Manual de Seguridad Empresarial
20. Manual del Directivo de Seguridad

Visite:

www.sewogroup.com

Representantes y Distribuidores

http:/amazon.com

www.ingramcontent.com/pod-product-compliance
Lightning Source LLC
La Vergne TN
LVHW051322050326
832903LV00031B/3309

9 798398 380712